日本家庭料理80年

和食餐桌的演變史

昭和の洋食　平成のカフェ飯
家庭料理の80年

阿古真理——著
陳正芬——譯

推薦語 7

開場白 8

前言 從晨間劇《陽子》，看見理想的飲食——昭和前期 11

第一章 主婦們的生活革命——昭和中期 21

料理研究家是社會名流 22

在廢墟中嚮往美國／小當家的沙拉／《今日的料理》創刊／新菜色：沙拉／料理研究家多采多姿的人生歷練／有企業頭腦的江上登美／從禮儀教起的飯田深雪／小津安二郎《茶泡飯的滋味》

向田邦子筆下的桌袱台 45

《寺內貫太郎一家》的餐桌／偏好洋風的《主婦之友》／高麗菜卷大受歡迎的祕密／「附房子、車子、不附婆婆」／新娘先修《白蘿蔔之花》／專欄：調味料改變之下的家的味道

目次

第二章　「想吃道地的外國菜」——昭和後期　73

為誰而成為料理高手？　74

《給星期五的妻子們》的餐桌／製作道地的法國菜／派對料理和《紅髮安妮》／給思秋期的妻子們／情場得意的少女，很會作菜嗎？／田邊聖子的手料理論／孩子孤獨進食

《橘頁》和《Hanako》　111

《美味大挑戰》登場／理想老公《妙廚老爹》／職業婦女的好朋友：小林勝代／《橘頁》的時代／愛買熟菜的主婦／Hanako族的美食家／專欄：進化的美食相片

第三章　家庭料理泡沫的崩壞——一九九〇年代　139

職業婦女就不擅作菜嗎？　140

昭和已遠的餐桌／百貨地下街和ＲＦ１的沙拉／《料理的鐵人》革命／槙村

悟描繪的餐桌／篠田節子的職業婦女媽媽／《好太太》的廚房／絕望的主婦

春美迷世代——成為魅力主婦的原因 169

栗原春美登場／生於昭和前半期的主婦／天才柳澤教授的家事／專欄：平成時期百貨公司地下街的革命

第四章　餐桌的崩壞和重生——二〇〇〇年以後

185

昭和後半誕生的人們的餐桌 186

電影《橫山家之味》中的親子關係／《第八日之蟬》的母與女／角田光代作品中的餐桌／不會作菜的妻子／不教孩子作菜的母親／扮家家酒料理的《Mart》／平成版孩子們的餐桌

女孩的飯，男孩的飯 215

極受主婦歡迎的《花的懶人料理》／食譜部落格／咖啡館簡餐的風格／史織的女孩食譜／鎖定初學者的《今日的料理》／健太郎製作的男孩子飯／漫畫《昨

日的美食》的食譜

發現慢活 238

食品造假的時代／慢食熱潮／連續劇《西瓜》的提問／連結過去與今日的廚房／幸福便當人生／專欄：和食調味料復活了嗎？

後記　新世代的家庭倫理劇 259

以吃為主角的故事／飯島奈美的樸素料理／連續劇《高木護的規矩》／高護木的二十一世紀家族

目次

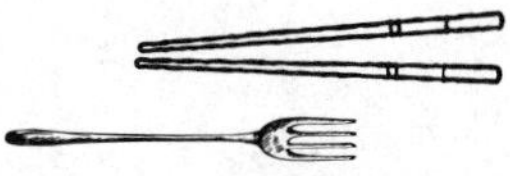

推薦語

平生愛讀史，特別是有關食物的歷史。然眾多食史中，也許因相關記載不多，家庭料理史所佔比例無疑相對寡少。此書別開生面從影劇、小說和漫畫角度入手，細細整理、歸納，完整呈現日本自昭和前期至今的家庭飲食面貌，生動盎然。

尤為珍貴是，除了娓娓記錄下菜色本身的流轉遞嬗外，也同時鮮明反映了當代亞洲於家庭形式、女性角色以及食潮上的變遷。特別日本、台灣兩地於近百年歷史文化上的關連緊密，在演進歷程上竟然驚人地肖似，讀來更覺深有共鳴。

——葉怡蘭／飲食生活作家．《Yilan美食生活玩家》網站創辦人

開場白

市面充斥各種飲食訊息。食品廣告讓人垂涎欲滴，戲劇、電影、小說和漫畫，也經常出現飲食的場景。美食情報、介紹料理的媒體、與健康和疾病相關的飲食資訊，也有報導孤獨進食的問題，以及生產者、流通業與學校對飲食的努力。除了大眾媒體，與飲食相關的活動和紀錄片也提供資訊，網路當然不乏飲食的相關訊息。現狀既然如此，日本的飲食究竟是豐富了，還是正走向崩壞？

另一方面，家庭與個人的飲食因為屬於私領域，往往無法為外人知悉。我的前一本著作《我家飲食六十年：祖母、母親、女兒的餐桌》，是從我家飲食的變遷為主軸，對照當時社會背景而寫成的一部飲食史，這次為了描述更細微的時代變化，涵蓋更多樣的生活方式，於是我從媒體著手，因為廣被群眾接受的媒體情報，在引領時代的同時也反映當時的時代氛圍。

我之所以要寫這本追溯歷史的書，是因為現在是由無數的過去累積而成。若要了解資訊氾濫的時代正朝向未來何方邁進，就要經由過去來了解整個來龍去脈。

本書提到的媒體，包括從昭和時代萌芽的料理媒體，以及當今平成時期的熱門雜誌、書籍、漫畫和電視節目。媒體如何報導家庭料理，如何描繪人們的飲食狀況——追溯這段期間的歷史，會明白原來家庭料理也有流行。

昭和中期，洋食受年輕世代歡迎而進入家庭，於是家庭主婦紛紛製作道地的外國料理。到了平成時期，流行異國風味的咖啡館簡餐，但此時和食再度被重視。介紹不同的料理方式，也反映當時哪些屬於新事物、哪些面臨危機。描繪用餐情景的暢銷小說、熱門戲劇和漫畫，把當時受歡迎的食物連同懷念的畫面，帶給視聽大眾。

為什麼昭和時期到處是洋食，而平成時期卻流行咖啡館簡餐？為什麼和食重新被重視？理由可以從經濟、政治等社會背景來應證，其中最大的因素在於，長久以來女性負責掌廚的情況發生變化，而持續變化的女性與周遭環境的差距，為人們的飲食帶來的影響，就漸漸呈現在我們眼前。

本書將家庭料理劃分五個時期：

（一）昭和前期：昭和元年至二十年（一九二六至四五年）
（二）昭和中期：昭和二十一年至五十年（一九四六至七五年）

（三）昭和後期：昭和五十一年至六十四年與平成元年（一九七六至八九年）

（四）一九九〇至九九年：平成二至十一年

（五）二〇〇〇年以後

昭和前期以爐灶炊飯為主，外國料理因為新奇而變得普遍，到了昭和中期，戰敗使人們對過去的文化喪失信心，而積極吸取外國文化。昭和後期，追求家庭料理精益求精的同時，外食愈來愈普遍。一九九〇年代，戰後建立的昭和價值觀逐漸崩壞之際，新的文化也開始萌芽。二〇〇〇年代以後，崩壞的速度有增無減，新的現象出現，往昔的飲食文化重新被人們重視。飲食文化發生了幾次變化，但究竟哪種料理是最後贏家？

讓我帶您追溯歷史，從過去一路看到現在的飲食狀況。

前言

從晨間劇《陽子》，看見理想的飲食——昭和前期

昭和時期之初，可樂餅、咖哩、蛋包飯等洋食已經相當普遍，昭和二十年（一九四五年）為止的昭和前期，給人的印象是糧食匱乏的戰爭年代。其實在戰火轉趨激烈前，都會區吹起一股時興舶來品的風潮，市中心的百貨公司人滿為患，民眾攜家帶眷到遊樂園玩耍，年輕人從事登山、滑雪運動。我們從那年代的雜誌，可以感受當時的富饒，讓人不禁感嘆：「沒事幹嘛要打仗？」

讓我們透過媒體，一窺昭和初期的餐桌吧。

二〇一一年（平成二十三年）四至十月，NHK晨間小說改編的電視劇《陽子》，是以戰時至戰後堅忍不拔的女性為主角，悠揚的音樂與溫馨的畫面，撫慰了東日本大震災的傷者心靈，也為這齣連續劇博得高人氣。劇中人物各個意志堅強，即使處境嚴峻也不忘替彼此著想，待人接物謙恭有禮。這部由岡田惠和撰寫的腳本，描繪昭和前期理想的人際關係，而大

家圍著餐桌用餐，也是昭和時期的理想狀態。

《陽子》的故事從一九三二（昭和七）年開始。須藤一家從東京搬到長野縣的安曇野，不久母親（原田知世飾演）病逝，十一歲的陽子（井上真央飾演）在廚房做飯給父親（寺脇康文飾演）和兩位哥哥吃。

在這齣連續劇中，餐桌的主角是煮物。時間是一九三八（昭和十三）年。陽子放學回家時，被隔壁熟識的農家太太宮本春叫住。

「陽子醬，來我家一下。」說畢，宮本春掀開炕爐上的鍋蓋，只見裡頭滿滿的芋頭、蓮藕、紅蘿蔔煮物。

「嗚哇！看起來好好吃哦！今天春樹哥會帶朋友回家呢！」陽子笑得開懷。春樹就讀松本的舊制高中，是陽子的大哥。

「那正好，太棒了！多拿點兒去吃吧！」

「下次可以教我怎麼做嗎？不光是燉煮，其他的也要。」

宮本春用大方巾把鍋子包好，笑著試探陽子：「好啊，當然沒問題。可以的話，嫁來我家當媳婦如何？」這家的獨子武雄一直單戀陽子，遲鈍的陽子只當是宮本春在說笑，想都沒想，便答道：「不要啦，討厭。」

從此以後，煮物就經常出現在陽子準備的餐食中。陽子的公公（串田和美飾演）在這齣連續劇的後半部上場，他在初次拜訪陽子父親的晚上喝醉酒，興沖沖解釋煮物的做法。陽子的公婆在松本經營蕎麥麵店，公公是專業廚師。

陽子的菜色幾乎都是和食，早餐是白飯配味噌湯、煮物，以及醃野澤菜[1]，晚上用爐灶製作燉煮的料理。一九三九（昭和十四）年初春，二哥茂樹即將前往茨城縣，到海軍飛行預科當練習生。出發當天早上，陽子準備極豐盛的早餐，有散壽司、日式煎蛋卷、烤鮭魚、煮物、醃野澤菜和味噌湯，茂樹開開心心吃了精光。

不過當時地上鋪水泥的廚房，是到了大正時期後，都市才開始普遍有直立式的流理台。須藤家與蹲在地上燒飯的鄰居不同，是都會生活的象徵，但也只有在茂樹準備升學考試期間，才端出唯一一次的洋食「煎豬排」，這是因為考量當時的社會環境，加上陽子仍是學生身分，端出洋食或許有些不合理。陽子的好友真知子，是大地主的女兒，劇中經常有她招待朋友喝下午茶的場面，可見在當時，取得西式食材並非完全不可能。

（全書注釋皆為譯者注）

1 野澤菜的學名蕓薹，又名油菜、蕪菁。

劇中人物被描繪成一群理想的人們，父親對待孩子嚴厲又慈愛，且充滿幽默感。孩子則是尊敬並仰賴父親，陽子與好友互訴心事，卻不會厚著臉皮刨根問柢。至於隔壁鄰居，儘管生活水準差了一截，加上兒子的單戀沒有修成正果，卻依然熱情對待須藤一家人。陽子的公婆感情如新婚夫妻般甜蜜，疼愛媳婦如待親生女兒，從戰爭歸來的丈夫也是如此，他發誓要為家人而活，對陽子的意見尊重有加，並且一肩扛下照顧子女的責任。

在描繪理想狀態的連續劇中，出現的菜色必須是和食，只要想想現代日本的社會狀況就明白理由。

這年頭的人們愈來愈少吃魚，米飯、醬油和味噌的消費量也少了一半，換言之，日本人正在遠離和食。蔬菜攝取不足成為問題，尤以年輕世代為甚，正值育兒階段的主婦懶得作菜，以便利商店的食物、夾餡麵包或泡麵交差了事，孩子獨自坐在餐桌前吃飯的情景也常見。

便利商店與百貨公司地下街，販賣熟菜的外帶產業方興未艾，冷凍食品、調理包、即食食品等加工品更豐富多元，名廚或名店食譜製作的咖哩調理包也大受歡迎。近來，標榜一罐搞定的綜合調味料成為熱賣商品，愈來愈多主婦認為，專業廚師的口味還是比自己做的好吃，甚至有跡象顯示，家的味道即將消失。

家人的關係也存在問題。母親不僅不疼愛孩子，甚至虐待、忽視，一般家庭的女孩在長大成人後，坦言與母親有著很深的歧見，類似家庭在小說中多有描繪。餐桌或許已經不再是家人團聚的地方。

相對於現代人的飲食以及家人之間的問題，《陽子》則是希望藉由描繪理想的昭和時期，重回最初的美好時光。

清一色和食並不符合昭和初期的真實情況，因為那是個洋食普遍的年代。二十世紀初，進入女校求學的女孩子激增，她們在烹飪實作的課堂上，學習製作咖哩飯、蛋包飯與燉菜等西式料理，陽子應該也是在學校學會的。各種婦女雜誌紛紛創刊，鎖定以女校畢業生為讀者群，傳授包括洋食在內的家庭料理。進入二十世紀，料理書也開始介紹日式風味的洋食。

根據江原絢子和東四柳祥子合著的《近代料理書的世界》，我們得知一九〇三（明治三十六）年的料理書中，首次出現「家庭料理」這個名詞，當時的上流階級，有傭人負責煮飯燒菜，平民沒有閒情在烹飪上花心思，工業革命帶動經濟發展，中產階級的勞動人口日益增多，因而產生「家庭料理」的類別。儘管中產階級的太太們，請不起傭人煮飯燒菜，卻有能力在菜色下功夫，愈來愈多人對烹飪求知若渴，書籍、電視也紛紛教導大家做家庭料理。

本書以媒體提供的料理食譜，以及當時的暢銷小說、熱門連續劇，或漫畫中的餐桌場景為線索，講述家庭料理的歷史，將媒體描繪的料理或飲食內容對照時代背景，便可得知當時的社會狀況。餐桌上的飯菜和圍坐餐桌的人們，看得到我們過去累積的經驗與未來，我希望藉由揭露過去至現在的歷程，防止重要的事物就此消失。

《主婦之友》於一九一七（大正六）年創刊（一九五四年改名為《主婦の友》，出版社改名為主婦の友社），「主婦」成為通用名詞，從此以後，靠丈夫薪水生活的女性，意識到自己是掌管家務的主婦，在菜色上求新求變，守護家人的健康。

咖哩飯、蛋包飯、燉菜出現在《主婦之友》創刊那一年的雜誌，儘管也刊登過豬肉、牛肉料理乃至果醬製作，但介紹的料理幾乎都是和食，以及煮物、燒烤和涼拌菜的變化版本。

在讀者的支持下，一九三四（昭和九）年正月號的《主婦之友》銷量突破一百萬本。創刊那一年的《主婦之友》，稱包心菜和番茄為玉菜和赤茄子，到了一九三四年，兩種蔬果成為熟悉的食材，便改成與今日相同的片假名（キャベツ、トマト），不過出現的次數不多，而且番茄的料理大多不用生番茄，而是番茄醬或番茄義大利麵醬。

《主婦之友》經常介紹奶油燉菜，使用的當然不是市售的奶油炒麵糊，做法是「最後注入溶在水裡的美利堅粉[2]勾芡，再以鹽、胡椒調味。」三明治中間塗的是果醬或手工製作的花生醬。此外，《主婦之友》也介紹沙拉，但材料不是生菜，而是以加熱過的魚貝類或包心菜等食材為主。那年頭的冰箱，只是放了冰塊來冷卻食物的木頭箱子，加上貨品的配送不如今日發達，因此當時的人沒有生食蔬菜的習慣。

咖哩飯在當時已經成為人氣料理，六月號的《主婦之友》請來小說家、聲樂家和大學教授的夫人，把自己拿手的咖哩飯教給大家，有烏賊咖哩飯、春雞咖哩飯、椰肉咖哩飯、水果咖哩飯，種類之多不遜今日，名人介紹的料理多半是洋食，但刊登在《主婦之友》雜誌上的食譜，則是以和食為主，洋食依然是可望而不可及。

《陽子》之後的NHK晨間小說改編的電視劇《系子的洋裝店》（二〇一一年十月至二〇一二年三月），寫實描繪洋食進入日本的經過。

《系子的洋裝店》是描繪大正末至平成時期的傑作，以小篠三姐妹的母親小篠綾子為原型，三位飾演主角的女演員輪番上陣，維持劇情的張力，因而獲得平均高達百分之十九點九的收視率，劇本是由實力派的新生代劇作家渡邊綾撰寫。

大正時期出生的小原系子（尾野千真子飾演）是四姐妹中的老大，個性急躁的父親（小林薰飾演）在岸和田[3]經營和服店，嫻靜大方的母親（麻生祐未飾演）是神戶實業家之女，還有一位奶奶，負責為全家料理食物。調皮的系子，在神戶的外公家見識到舞會，從此喜歡了洋裝，後來便學習裁縫技術，甚至靠洋裁來養家活口。系子婚後生下三名女兒，丈夫戰死

2 為小麥粉的俗稱，戰後自美國傳來，不同於石臼研磨的日本產烏龍麵粉。
3 為江戶時代岸和田藩的城下町，在今日大阪府泉南地區。

沙場，全靠她一手把孩子拉拔大，女兒們也立志成為裁縫師，各自在時尚界闖出一片天。工作的樂趣與嚴峻、人生的歡喜和哀愁、簡潔的台詞和雋永的畫面，吸引許多人觀賞。

一九二七（昭和二）年，十四歲的系子嚮往洋裁的工作，一心想成為裁縫師傅，於是從女校休學，到專門製作工作褲的店裡當學徒。兒時玩伴安岡勘助的母親玉枝，為了慶祝系子就業，初次挑戰製作咖哩，玉枝從流理台的爐灶端起圓底鍋，裡面的咖啡色濃稠湯汁，發出不可思議的香氣，系子滿心期待，一旁的勘助則怯生生等著把咖哩醬汁澆在大碗公的飯上面。系子用筷子將食物送進嘴裡，感動說道：「好吃！真好吃啊！」至於閉緊雙眼，忙著大口扒飯的勘助，則是吃了一碗又添一碗。系子對針車逐漸上手。有一天，現代感十足的根岸老師，來到隔壁的電器行示範針車的使用，系子的父親趕在老師回東京前，拜託她給予個別指導，系子因而學會洋裁的基本知識。

第一天，老師讓系子穿上洋裝，帶她到大阪最熱鬧的心齋橋。系子在現代化建築櫛比鱗次的心齋橋，看著身著洋裝的人們步行其間，她走進一間時髦的冰果室，有些膽怯地吃著美味的霜淇淋，根岸老師告訴系子，她相信洋服能顯出一個人的品格與驕傲，帶領人們實現夢想與希望，系子將這番話銘記在心。當天，系子的母親卯起勁來為根岸老師炸豬排，可惜做得一蹋糊塗。

「我聽說豬肉不可以炸透，但又怕會失敗，所以就炸了好多次，結果都不行啊。」母親慌張得語無倫次。

「第一片炸過頭了！這種東西怎麼能吃！」父親怒喝。太難吃的緣故，老師才放進嘴裡便吐了出來，這時平日負責掌廚的奶奶，端出幾乎每天都會做的乾燒沙丁魚。

「請嘗嘗。鄉下人的粗茶淡飯，可能不合您胃口。」

「那我就不客氣了……嗯，好吃！」老師露出幸福的表情。

用筷子吃咖哩。不知如何處理豬肉。初次邂逅洋食的日本人，或許給人這樣的印象，但只要系子有心，西洋文化便在伸手可及之處。昭和初期，日本第一大城市大阪極盡繁華，當時距大阪鬧區不遠的神戶，由於最先接觸歐美文化，因而成為第三大都市，住在這裡的外公外婆，在六甲山的南麓蓋了一棟洋房，系子只要來這裡來作客，就可以跟外公外婆和伯父一家人，品嘗一道道西式料理，享用蛋糕、紅茶的下午茶。

系子婚後爆發第二次世界大戰，丈夫和勘助出征打仗，加上父親亡故，系子益發努力工作，空襲警報時不時響起，夜晚也無法安眠，還要參加鄰組[4]的防火訓練，她為了養活員工以及疏散到後方的家人，只好向黑市採購食物。系子繼續過著吃不飽、睡不好、前途茫茫的日子，然而堅強的她無暇多想，當她接到丈夫陣亡的通知時，腦中一片空白。之後，戰爭結束了。

齋藤美奈子的《戰爭下的食譜：了解太平洋戰爭下的飲食》，仔細考察當時的婦女雜誌，揭開當時的飲食狀況。雜誌鼓勵大家，把茶葉渣、魚粉、雜草，乃至自家菜園的蔬菜藤蔓全都吃下肚，發揮全民抗戰的精神度過難關。但是，能吃的食物少得可憐，每樣食物都添加粉類來增加份量，什麼東西吃起來都一樣，加上缺乏調味料所以淡而無味，燃料不足導致食物溫溫涼涼，總之就是難吃。齋藤寫道：「冒著熱氣的雜煮或麵疙瘩，只因為熱騰騰，就好吃的不得了。」

民以食為天。吃下自己覺得好吃的食物，生命力油然而生，疲憊獲得療癒，明天也充滿鬥志。肚子空空，腦袋便不聽使喚，於是紛爭迭起，心態變得悲觀，當人攝取的食物嚴重不足時，連思考都不可能，自己的事當然不在意，周遭的事也都不再關心，只要能吃的東西，不管三七二十一都放進嘴裡，以後的事不去想，拚死拚活只為了延續這一刻的生命。這群生存尊嚴被剝奪、不再為過去驕傲的人們，直到一九四五（昭和二十）年，才又重新出發。

4 為日本政府在二次世界大戰期間，全國總動員計畫的最小單位。由十到十五戶人家組成，任務包括救火、民防與內部保安。

第一章 主婦們的生活革命

——昭和中期

料理研究家是社會名流

在廢墟中嚮往美國

二次世界大戰結束後，不到七十年間，日本的飲食發生很大的變化，雖然全面改變是從高度成長期才開始，然而早在盟軍占領期間，日本就開始朝現代化的方向前進，而日本在戰後的飲食狀況恢復榮景，則始於對美國的憧憬。

駐日盟軍總司令[1]基於民主化政策，於是在日本農村乃至各地，放映有關美國生活的電影，人們透過大螢幕看到的戰勝國美國，過著富饒的生活。

亮晶晶的廚房裡，只要打開水龍頭就冒出冷熱水。純白色的大冰箱，塞滿大塊肉排、派、生菜沙拉。餐桌上擺著純白的陶瓷餐具和銀色刀叉，每樣東西都光可鑑人。

當時，每個日本人都在為張羅食物奔忙，戰爭進入尾聲之際，壯丁被徵召入伍，導致農村的人手吃緊，田地乏人照顧，使收成大不如前。日本戰敗後失去殖民地，過去從朝鮮半島或台灣調度過來的米不敷食用，士兵紛紛回國，加上一下子湧入撤退返鄉的人潮，即使是農村的人民，也只能以白蘿蔔或葉菜類充飢果腹。

都市人更窮。配給經常遲不發放，米幾乎無法取得，由於蔬菜和蛋白質來源稀少，都市人只好帶著和服到農村換取食物，以變賣家當度日。

配給作為主食的碳水化合物，地瓜或麵粉多於稻米，人們將兩者磨粉做成麵疙瘩，還買來插電式的麵包機製作麵包，學校為了彌補糧食不足而開始供餐，孩子們吃著美國救援的脫脂奶粉和麵包，想吃米飯的人也只能吃麵包。

黑市充斥美軍發放的罐頭物資和給孩子的巧克力，可見美國的富裕一斑。有些日本人因為在駐軍的相關單位工作，因而窺知美國人的生活，也和美國的富裕沾上邊，家中的餐桌擺放堆滿水果的籃子，每天烹煮大量肉類，吃沙拉和麵包，偶爾也烤蘋果派。

長年打仗不僅導致缺糧，所有的生活物資都變得匱乏。

這個時代的孩子，大多不知道什麼是吃甜點、去遊樂園玩耍。

長期忍受窮困生活，到頭來卻是打敗仗。過去深信的價值觀被顛覆，就在此時，美國駐軍展現物質的豐足，並帶來迥異的生活方式。於是，因為戰爭而蒙受損失的人們，便拜倒在戰勝國豐饒的物資下。

1　麥克阿瑟將軍在日本盟軍占領期間的頭銜。

小當家的沙拉

不久，日本展開經濟復興。當人失去一切時，為了繼續生存，也只能強打精神站起來，每個人都向前方邁進，重建生活秩序、求職、採買食物，使用新的、沒見過的東西，總之利用手頭的一切重新打造生活。舊的遭到毀損佚失，其實也不想再想起，求變的意志令每個人動了起來。

二次大戰結束之後五年韓戰開打，軍需品的需求帶動景氣成長，日本從此展開持續近二十年的高度經濟成長。

仇視奢侈、壓抑享樂，反而引起強大的反彈，由於當時人們的三餐還是隨便打發了事，因此對華麗物品的饑渴，就驅使著人們。

前言介紹的NHK連續劇《系子的洋裝店》，生動描繪這種戰後的蓬勃朝氣。

戰後不久，舞蹈演員愛紗（黑谷友香飾演）來到系子在大阪府岸和田市經營的洋裁店。「我本以為到這裡可以買到洋裝。」愛紗失望地說。當時系子縫製的，全是可以拿去黑市換糧食的內衣。

愛紗嘆道：「系醬，妳還真不懂女人心吶！」系子聽從愛紗的建議，決定再度製作洋服，她把軍用品剩下的布料，縫製成裙子跟襯衫，結果一作出來立刻賣掉。然後，系子找到淺藍底白點的布料，製作成樣品擺在櫥窗裡，街上愈來愈多女性穿著系子製作的白色點子衣服，熱烈追求時尚。

無論男女都渴望娛樂。戰後不久，人人都在享受觀賞電影的樂趣，戰敗那一年，全日本共有一二三七家電影院，每人平均進戲院五點五次。之後電影院家數和觀賞人次逐年攀升，一九五八（昭和三十三）年達到最高峰，每人平均進戲院十二點三次，相當於每個月看一場電影。

這段期間，日本製作出許多穿插音樂的娛樂性電影，首先是美空雲雀的《東京小子》，這是由雲雀、雪村和江利千惠美三位女孩主演的電影，此外還有石坂洋次郎原著的《青色山脈》和《陽光照耀的斜坡》，《陽光照耀的斜坡》是由石原裕次郎主演。石原裕次郎和小林旭同為日活公司[2]動作片的兩大台柱，當時只要身為當家男星或藝人，電影公司就會不斷拍攝以他為主角的電影。

和美空雲雀同為一九三七（昭和十二）年生的加山雄三，相當受到東寶的重用，一九六一（昭和三十六）至一九八一（昭和五十六）年間，共主演十八部少當家系列影片，加山雄三從小在茅之崎[3]長大，父親為男演員上原謙，電影原樣呈現他小時的優渥成長環境，加山

2　一九一二年創立的日本活動寫真株式會社，為日本五大電影公司之一。

3　位於神奈川縣中南部的城市。

雄三在第一部《大學時期的小當家》中，飾演壽喜燒店的第四代繼承人，是個性爽朗的好青年，也喜歡運動玩耍，為大學游泳隊的一員。種種因素加上誤解，小當家的不羈行徑令父親大怒，而將他逐出家門。小當家於是去找一位暑假在別墅打工當管理人的游泳隊友玩。餓得發慌的小當家，任意取出冰箱的食材做起料理，他用平底鍋煎培根蛋，用生菜、番茄做了滿滿一大盤沙拉，再排上香腸，正打算坐在華麗的餐桌前享用美食，這時別墅主人的女兒突然出現，亂了方寸的友人於是將他趕走，而沒能夠大快朵頤。

麵包、沙拉、雞蛋的早餐，也出現在石原裕次郎主演的《陽光照耀的斜坡》，足見當時的人多麼嚮往這種洋味十足的食物。

《今日的料理》創刊

一九五三（昭和二十八）年電視台開播，最初電視機是平民百姓買不起的高級東西，大批群眾聚在街頭的電視機前，狂熱地觀賞小小螢幕裡的摔角比賽，昭和三十年代的前半，凡是設置電視機的餐飲店，便可以此為賣點吸引客人上門，電視機開始進入一般家庭後，街坊鄰居就聚集在有電視的人家觀賞節目。

一九六二（昭和三十七）年，電視機台數突破一千萬，家家戶戶漸漸地都看得到，而電視儼然取代了電影，電影院的觀眾和家數開始減少。

摔角比賽以外最受歡迎的電視節目，要屬烹飪節目了。

日本電視（日本テレビ）於一九五六（昭和三十一）年開播，中午時段播送的節目叫做《太太的烹飪筆記》。星期一至六每天播送十五分，創下百分之三十的收視率記錄，NHK等電視台紛紛起而效尤。

NHK最老牌的料理節目，要屬一九五七（昭和三十二）年開播至今的《今日的料理》，起初是星期一至六中午直播十分鐘，次年開始發行《今日的料理》雜誌。讀完創刊號起一年份（期數有缺）的雜誌後，讓我感受到當時的氣氛。

登載一九五八年五至六月節目內容的《今日的料理》創刊號，突然出現豬肉丸（ツホンニョユアン）這種連聽都沒聽過的菜名，也就是野菜蒸肉丸，做法是將豬絞肉、雞蛋、香菇、蠶豆、火腿揉成丸子，以鹽、酒、醬油、麻油調味，最後用太白粉勾芡的中式料理，此外還介紹雞肉蛋豆腐，以及通稱為燉雞丁（チキンフリカッセ）的雞肉蔬菜西式燉煮。

由於當時的經濟才剛開始成長，一般家庭還沒有能力把電視介紹的料理端上晚飯的餐桌，加上做法好像不大簡單，湊齊所有食材也不容易。但是，人們只要看畫面就知道是怎麼做的，也聽得到關於食物口味的話題，因此《今日的料理》會挑選適合在電視上呈現的菜色。不知是否正因為當時電視機尚未普及，所以《今日的料理》在開播初期，不斷介紹民眾做不出來的料理。

電視是當時的平民一輩子最想買的東西，冰箱也不是家家戶戶都有，這時候開始有超級市場，住宅區距離商店遙遠，要請食品店的外務員送到家裡，總之是個《海螺小姐》的世界。只要逐字閱讀《今日的料理》雜誌的「便利帖」專欄，就知道哪些東西在當時是珍貴的。

創刊號中，曾以「奶油的顏色」為題撰文：

奶油的黃色，是牛吃的青草中所含的胡蘿蔔素與葉黃素，有豐富的維生素A、D（中略）。但是，市面上也有添加人工色素的奶油，因此要避免購買顏色太黃，或色澤不均勻的奶油，以策安全。

「冰箱和聚乙烯」的文章如下：

聚乙烯不耐高溫但是耐低溫，即使零下七十度也不變硬，且由於不吸水，適合放入冰箱（零度至零下五度），可以用來盛放剩菜和液體食物，加上不占空間，是方便好用的利器。

無論是奶油還是俗稱「塑膠袋」的聚乙烯，對當時的有錢人來說，都是還沒用慣的新玩意兒。

新菜色：沙拉

說到媒體介紹的新鮮貨，要屬美國所代表的西式料理，而《今日的料理》推出的菜色，也流露出這樣的氣息。

蛋包飯、肉餅、番茄燉牛肉、義大利風味冷通心粉、燉煮茄子、魚肉卷、白醬花椰菜、牛肉燴飯等等，排出來一看，奶油口味的菜色很多，給人清一色西洋料理的印象，此外《今日的料理》也經常介紹宴客菜，雖然其中有不少中華料理，但由於雜誌先入為主，認為人人都會做，而幾乎不介紹。

西式料理是二次世界大戰前，從上流階級傳到中產階級。日本對西方國家的憧憬，始自江戶時期末，許多人想引進這些後起之秀的文化，因此女校也教授西洋料理，而可樂餅、咖哩飯、豬排飯，則是普及到庶民階層。

然而，在我讀過二次大戰前以中產階級為取向的《主婦之友》雜誌後得知，只有當時條件較好的部分階層，平日也吃得到上述食物，一般人基本上還是白飯和味噌湯的日本料理，很少有洋食被端上桌，一來因為食材取得不易，況且廚房設備也跟西方國家不同。大正時期起推行生活改善運動，直立式西式流理台的系統廚具在都市逐漸普遍，然而戰爭也日益激烈。

因此，戰後的經濟成長過程中，便大舉推動西化，電視、雜誌不斷介紹過去不曾聽過或見過的料理。

昭和中期，「沙拉」快速進入一般人的生活中。

儘管在第二次世界大戰前，日本就買得到用來做沙拉的番茄、各種萵苣和芹菜，但受歡迎的程度不如這個時候，高麗菜也是從昭和三十年代起進入一般家庭，有些東京人回憶少年時期，雖然疏散地的菜園也看得到番茄，但風味不佳，讓人食不下嚥。

沙拉在昭和三十年代快速普及，除了拜電視、雜誌之賜，當時的衛生環境讓生食蔬菜成為可能，也是原因。

一九五九（昭和三十四）年三、四月號《今日的料理》，以西方蔬菜的彩色相片作為第一頁圖片，並以對開篇幅，刊載沙拉的相關資訊。讓我們來讀這一期「便利帖」的文章，「如何清洗蔬菜」：

生食蔬菜前，先把食品專用的中性洗潔劑稀釋一千倍（一桶水兑一大匙洗潔劑），將蔬菜放入充分漂洗，再用清水清洗一至兩次。一般洗滌用的中性洗潔劑，含有鹼和螢光劑的成分，因此請務必使用食品專用的洗潔劑。用這方法清洗蔬菜，能沖洗掉幾乎所有的蛔蟲卵。

在這個使用糞肥和尿肥種菜的年代，要留心的不是農藥等化學物質汙染蔬菜，而是蛔蟲。《今日的料理》先以照片呈現，之後以文字說明的西式蔬菜，有櫻桃蘿蔔、甜菜根、芹菜、蘆筍、冰島萵苣、紅包心菜、水芹、洋香菜。摘選一部分看看：

蘆筍：又名西洋土當歸，日本國內的產量也很多。五、六月為盛產期，除了做成罐頭，更多的做法是將好吃的新鮮蘆筍煮軟，再配上用大量奶油製作的醬汁一起吃，或做成沙拉，淋上油醋醬，也很美味。

美生菜：在日本被稱為萵苣的一種，像包心菜般卷成圓形，愈靠中心的葉子愈嫩愈好吃，卷心萵苣當中，以玉萵苣（又稱沙拉菜）、皺葉萵苣、菊苣等葉子略呈鋸齒狀且最好吃，此外還有如苦苣帶有苦味的美味萵苣等多種，大多是澆上冷醬汁生吃，也可以和豬肉、火腿或香腸一同燉煮。

如今到處都吃得到沙拉。洋食店的午餐絕對有它，就連百貨公司地下街、超市乃至便利商店，也都展售五花八門的沙拉，一年到頭都有年長者購買沙拉用的番茄和萵苣，殊不知昭和中期的人們，大多沒看過用來做沙拉的蔬菜，就連這些蔬菜是什麼滋味、如何使用，也都無法想像。

料理研究家多采多姿的人生歷練

《今日的料理》創刊初期，除了請來法國菜等專業廚師介紹料理，還有一群過去鮮為人知的料理研究家。烹飪教室始於江戶時代末期，學生多半是好人家的子女，直到電視普及後，才被全國人民所知。

第二次世界大戰前，舉凡貴族、士族之類的上流階層，或社長等級的富裕人家，家中有專人負責作菜，平民百姓則是吃著千篇一律的食物，由於當時的物流運輸業，還沒有如今這麼發達，因此身在漁村、山村、農村、都市，取得的食材也不同。換言之，在身分制度下，食物也會隨社會階層而異。

農文協出版的《日本飲食生活全集》，針對全日本在昭和初期的飲食狀況，調查各地域的日常飲食和年節食物，至於東京、大阪、兵庫等大都市所在地的都府縣，則按照職業別來介紹。

明治時期的產業革命，造就中產階級的興起，這些家庭的主婦無須繼承傳統，她們在女校學會外國的料理、閱讀婦女雜誌，思考每天的菜單，其中也包括可樂餅或咖哩飯。由於請不起人幫忙煮飯，於是她們親自下廚，但若是包辦所有人工處理的家事又很辛苦，因此會雇請女傭。中產階級的太太或出嫁前的女兒，會去烹飪教室上課，一面吸收外界的烹飪新知，一面打理每天的餐食。

戰爭過後，電視帶來家庭料理的民主化，只要收看電視，任誰都能向一流老師學作菜。烹飪節目開播不久，被請去上電視的料理研究家，有過向專業人士學習的經驗，其中也有人開過烹飪教室，是一群精通各國料理的名媛淑女。

創立於一八八二（明治十五）年的赤堀割烹教場，是第一所針對「一般家庭子女」開設的烹飪學校，第四代傳人赤嶇全子，是曾經獲得日俄戰爭陸軍大將乃木希典贈與嬰兒衣物的名人。伊藤博文的夫人曾經是這間學校的第一代烹飪教師，可以想見來這裡的所謂一般家庭女性是多麼有錢。

河野貞子從大正到昭和時期，隨著在商社工作的先生在紐約生活，「我在紐約欣賞歌劇、打網球、開車兜風的同時，也和旅館主廚學作菜，吃遍從世界匯聚於此的各國餐廳，感受多種多樣的味道。」（河村明子著，《電視料理人列傳》）這段話令我們了解，當時她過著相當奢華的生活。

江上登美（音譯）和飯田深雪，是名人料理研究家的代表人物，開設的烹飪教室生意興隆，也是家喻戶曉的名人，由於江上登美常上電視，使她在東京開設的江上料理學院學生人數激增，一九六〇（昭和三十五）年達到六千五百人。

江上登美在《今日的料理》中，把做沙拉的各種蔬菜介紹給讀者，傳記《江上登美的料理之路：廚房文化先驅》，記錄她的這段話：「所謂料理，是一個國家或地方的人，透過從古至今的生活方式，而形成的文化。」

對江上而言，所謂教授烹飪，是把世界各地在悠久歷史中發展的飲食方式，傳授給日本人。換言之，是引進外國文化。因此所謂的料理研究家，是考察各地料理的演進，轉換成日本的做法後傳授給大家，可說是專業的研究者。

有企業頭腦的江上登美

江上登美於一八九九（明治三十二）年生於熊本縣芦北郡田之浦村，是七個孩子中的老六。父親是地主，在地方性的銀行擔任監察人，算得上是名流士紳，登美為了繼承母親江上家，而以養女的身分入籍，但是住在自己家裡，和其他兄弟姐妹一起長大，江上家族是肥前國守護大名的名門之後，祖父很懂吃，還從京都請料理師傅前來掌廚。

一九一九（大正八）年，十九歲的江上和某位地主的次男結婚，採取男方入贅的方式，夫婿後來在陸軍兵工場擔任技術官，也因為先生的工作性質，兩夫妻住過很多地方。

江上在東京居住時期，上過東京料理學校，一流料亭的老闆或法國料理的主廚都曾在那裡授課。之後先生前往巴黎赴職，江上於是到一流的巴黎藍帶廚藝學校上課，當時她也學習茶藝和琴藝，然而最樂此不疲的還是烹飪。江上後來轉往倫敦居住，在歐洲生活三年後回到日本。

江上登美在巴黎期間，曾經教導派駐當地的武官妻子烹飪技巧，使她興起開設料理教室的念頭，她在九州各地的教室無不人氣沸騰，先前在巴黎的教學經驗，到了戰後得以一展身手。江上的先生深感戰爭責任重大而宣布退休，江上接下養家活口的擔子，和先生開起料理教室，由他負責調度食材，默默在背後支持。

一九五三（昭和二十八）年，江上登美眼看經濟景氣漸入佳境，為了累積外國料理的相關知識，便毅然到歐洲進行業務考察旅行，一九五五（昭和三十）年，她攜家帶眷前往東京發展，與松下電器（Panasonic）的創辦人松下幸之助建立深厚交情，並參與電子鍋的開發，甚至曾經受邀教授清宮貴子內親王作菜。

江上登美不僅是出身世家的名流，也是全家的支柱，是個有遠見的經營者，也具有個人魅力。

媽媽的慈祥笑容，加上熊本口音，深深擄獲電視觀眾的心，這位親和力十足的萬人迷，透過電視把學作菜的樂趣帶給大家。

從禮儀教起的飯田深雪

飯田深雪生於一九〇三（明治三十六）年，相較生在大家族的江上登美，飯田深雪的婚姻並不幸福，戰後離婚，開設料理教室以自食其力，她雖然受神經痛和其他疾病的困擾，但以一百零三歲的高齡，於二〇〇七（平成十九）年辭世，過完豐富精采的後半生。飯田的著作廣泛，除了料理還寫過人造花、室內裝潢，以及禮儀等類別的書籍共計一百三十二冊。據說，她也是最早把BBQ引進日本的人。

飯田深雪教大家在派對等正式場合，如何舉手投足、餐桌上的碗盤餐具應該如何擺放，等等上流階級的做法，因此她的形象與「名流」頗為吻合。

飯田的丈夫在外務省任職，戰前夫妻倆長年在海外生活，因此飯田經常在家宴請遠道而來的日本人，也曾在芝加哥的家中，招待外務大臣及其三十名隨行人員，就連後來成為秩父宮妃的松平駐美大使千金，也曾經請飯田做了壽司送過去。

飯田和大倉飯店的總料理長，也是《今日的料理》常客的小野正吉以及森英惠，也都交情匪淺。

飯田的娘家，是琦玉縣一個有四百年歷史的家系，母親早年過世，她在祖父家生活時期認識了京都料理。飯田在她的自傳《讓人快樂、自己也快樂的九十六歲：宴客的請帖》寫道，祖父因為在某位日本知名畫家年輕時給予支持援助，而受邀去對方家作客的經過：

每個月兩次，祖父必定帶著年幼的我，去享用這位畫家的太太製作的京都料理。一道一道出菜的京都料理不同於田舍料理，美麗和美味讓人興奮，這時的我雖然幼小，卻被料理帶來的驚喜和快樂深深感動。

在那之後帶著深雪再婚，在平壤開醫院的父親，也是美食家：

父親非常愛吃洋食，繼母也是料理高手，甚至從旅館請來大廚，學做正式的法國菜。

飯田於一九二六（大正十五）年結婚，隨丈夫在芝加哥、加爾各達和倫敦生活，她在各地的見聞、體驗和所學，為日後成為料理研究家打下基礎。

飯田在戰爭及戰後動亂中失去財產，戰後她住在一處臨時搭建的組合屋，販賣料理和甜點給復興局以維持生計，也接受粉絲們的委託，製作泡芙和蘋果派，就這麼開始她的事業。

飯田和江上一樣，也曾經為了研究料理而周遊世界。一九六〇年以後，飯田到歐美旅行考察，令她關注到風土與食材、料理之間的關係。

北歐冬季漫長且陽光不足，因此生長富含維他命的蕪菁。法國的水是含有大量石灰質的硬水，因此紅酒文化發達。燠熱的印度有各種辛香料：

天氣熱而經常沒胃口時，可以使用大量辛香料來提振食欲。每當我早上出門散步，連住宅區街道的嫩葉都發出強烈氣味，令人想要捏起鼻子。在印度，即使樹葉、樹皮和花瓣都做成辛香料，擺在炎熱的印度一整年都不會腐壞。

料理研究家對料理的由來都用心注意，並且傳授給大家正確知識，支持尚在起步的烹飪節目。

然而，要把她們親身經歷的外國飲食文化，傳授給從沒見過、也沒聽過這些食材的視聽大眾，簡直是難上加難。飯田在接受《電視料理人列傳》的訪問時這麼回答：

在戰前，洋食對一般家庭來說，通常是用薯類做的可樂餅、裹粉油炸的魚或豬肉、用麵粉增稠的燉煮或咖哩。為了把這些做得更好吃，說明起來實在很辛苦。

電視開播初期，人們聚精會神收看江上登美或飯田深雪介紹的《今日的料理》，其實他們並不知道，究竟能不能把相同的料理端上餐桌，一來食材取得不易，還有些料理是吃了以後發現不合口味。然而，令這群觀眾樂此不疲的，或許是能在電視上看到以前不知道的世界各地料理，所帶來的趣味。

無論如何，當時鮮少有人在平常日子吃西洋料理，而這少數的正牌名流，是庶民嚮往的對象，儘管身分制度被廢除、財閥解體、農地解放，但是當時人們依舊有家世背景的觀念。

某人是末代貴族，某人出身名門武家，某人是長年鎮守著這塊土地的大地主之子。飯田家從江戶時期起就是巨商富賈，人們介紹她的家世，當成代表她做人處事的背景資訊。在當時，人人都背負著身家背景，活在世界上。

名流肩負的贊助者（パトロン）精神[4]也發揮影響力，換言之，他們扮演文化傳承與提供支援的角色。

在江上和飯田的時代，每個人的家世背景如影子般，她們透過誕生於新時代的媒體「電視機」，以兼具深度和廣度的方式，將料理文化傳遞給大家。

小津安二郎《茶泡飯的滋味》

小津安二郎的電影，忠實呈現戰後未幾的名流生活樣貌。小津與黑澤兩位大師，在海外

4 patron，原來的意思是金主，現在不僅限提供金錢支援，也包括人脈和影響力在內。

也受到高度評價，其中小津安二郎一貫描繪的是，都市中產階級以上的家庭中，發生的小故事。看過小津安二郎的電影，會發現主角一家多半過著富裕的生活，住在有很多間和室的高級寓所，擔任管理職，在上班時間大方招待因私事前來的友人吃飯，在在讓人見識有錢人的生活。

《茶泡飯的滋味》是一九五二（昭和二十七）年上映的電影。

佐竹茂吉（佐分利信飾演）和妙子（木暮實千代飾演）這對夫妻，住在東京的幽靜住宅區，一幢自建的寬敞日式房屋，電影描繪的是兩人膝下無子經歷的倦怠期。

茂吉在一家商社擔任機械部部長，為人老實正直，女主角妙子請了兩位女傭，在她身上還留有大小姐的習氣。她經常和女校時代的朋友，後來經營洋裁店的雨宮綾（淡島千景飾演）、黑田高子（上原葉子飾演），以及住在大磯娘家的姪女節子（津島惠子飾演）一起遊玩。在這五月的晴天，妙子跟丈夫扯了個謊，和雨宮綾去修善寺泡溫泉，玩得不亦樂乎。

雨宮綾和妙子對婚姻生活似乎都有不足為外人道的心事，綾的丈夫和酒館女人搞外遇，妙子則對於她做什麼都一副事不關己的丈夫感到無趣，一旁看著兩位姐姐的節子，認為相親結婚是導致不幸的野蠻習俗[5]。

在客廳和老公書房都是木造的日式空間裡，妙子只在自己房間貼上印花壁紙，用沙發和吊燈妝點，在床鋪上睡覺，老公則睡在和室書房的被褥，妙子偶爾會流露孤獨的神情。

外甥岡田登（鶴田浩二飾演）傾慕茂吉，經常邀請茂吉去時下流行的柏青哥，或是騎腳踏車競賽。有一天，就在茂吉應岡田之邀正要出門之際，恰巧遇上從相親現場逃回來的節子，只好勉為其難，三人一起去遊玩。

氣沖沖回到家的妙子得知此事，和茂吉吵了一架，跟茂吉冷戰了十天。有天晚上，兩人總算坐在飯桌前用餐，茂吉把味噌湯澆在飯上吃，令妙子火冒三丈：

「您一直是這麼用膳的嗎？阿文，是這樣嗎？老爺一直都像在吃狗飯似的用膳嗎？」

茂吉對著滿臉為難的女傭說道。

「妳就說是啊！其實妙子妳不在的時候，我經常這麼吃。」

「我說過不喜歡你這麼吃飯的吧？」

「嗯，不小心就這麼吃了。」

「請別這麼吃飯。」

「我不這麼吃就是了。這次是不小心的。」茂吉說。妙子看著稀哩呼嚕往嘴裡扒飯的老

5　茂吉和妙子是相親結婚。

公，便起身離開。

從當天晚上兩人的對話得知，茂吉出身長野縣農村，與生長在都會區的大小姐妙子，喜好或生活方式都不同，因而有束縛感。其實，那天晚上茂吉原本要告訴妙子，他臨時被派去烏拉圭出差，卻順著話述說自己的心情，而一句「隨便一點比較好」更讓妙子怒上加怒，到頭來，沒能說出重點。

第二天，毫不知情的妙子前往神戶訪友，茂吉拍了電報過去，但是出發當天，在機場一片盛裝的送行者中，卻遍尋不著妙子的身影，兩人緣慳一面。

當天晚上老公不在，妙子在空蕩的屋裡，怎麼睡都睡不著，這時玄關響起電鈴聲，茂吉回到家，這才知道由於飛機故障，只好延到次日早晨再出發，妙子向茂吉道歉，兩人言歸於好。

茂吉肚子餓，但不忍叫醒女傭，於是兩人像一對玩探險遊戲的小情侶，擅自往不熟悉的廚房走去。

這是一間貼著白色磁磚、設有中島的和洋合璧廚房，有碗櫥也有洗菜的水槽，茂吉想吃茶泡飯，他看見碗櫥裡的剩飯，又發現米糠醃菜，妙子取出琺瑯鍋中的米糠醃菜，這時茂吉看見笨拙切著小黃瓜的妙子，不假思索便說道：

「小心手！」

「沒事。拿個大碗來。」

兩人把一碟碟菜放進托盤，端到桌袱台去吃，米糠醃菜的氣味沾在手上，讓妙子的心情大好，索性模仿茂吉，津津有味把茶泡飯扒到嘴裡。妙子吃了許久未曾品嘗的茶泡飯，露出泫然欲泣的表情，放下碗筷：

「怎麼了？」

「不好意思。我一直不明白。對不起啊。是你說的吧，不拘小節的質樸比較輕鬆自在，現在我終於明白了。」

「那不是挺好的嗎？別再想了。」

「一點也不好，這麼重要的事。我真笨哪。」

「不會的，沒事啦。妳能懂我的心，實在太好了，吃吧，是茶泡飯呢。這茶泡飯的滋味，正是夫妻的滋味呢。」

這是逐漸西化的都市與殘存舊有文化的鄉村。小津導演用茶泡飯為象徵，描繪文化的差距，畢竟，不僅夫妻會因為對外國飲食文化的接受程度不同而產生摩擦，世代間的差距也愈來愈大。

向田邦子筆下的桌袱台

《寺內貫太郎一家》的餐桌

經濟高度成長時期變化快速，不久之前都電[6]才行駛在東京街道上，曾幾何時汽車愈來愈多，於是電車改走地下，地上開闢了高速公路，過去人們嚮往擁有的冰箱也進入家中。昭和四十年代，愈來愈富裕的百姓，以主角之姿出現在媒體上，而且這樣的人還不少，他們是以中產階級自居，支持消費經濟的一群。

從一九六四（昭和三十九）年東京奧運的那一陣子開始，家家戶戶都有電視機，在那之後的十年，描寫中產階級家庭溫馨小故事的家庭倫理劇，成為高收視的電視節目。

諸如此類的連續劇，包括：《大膽媽媽》、《時間到囉》、《現在十一人》，而一九七

6 東京都內的路面電車，全盛期有四十一個營運系統，路線總長二一三公里，一九六七年起逐漸撤除，改以地鐵代替。

二（昭和四十七）年水前清子主演的《感謝》，更是創下百分之五十六點三的最高收視率記錄，推出這一連串熱門劇作的電視台是TBS。

在這時期，知名人氣作家向田邦子也寫起家庭倫理的劇本，並參與《時間到囉》、《七個孫子》、《白蘿蔔花》等劇本的寫作，家庭倫理劇的經典作《寺內貫太郎一家》，也是向田邦子的腳本。

《寺內貫太郎一家》第一季，於一九七四（昭和四十九）年播出，電台當然是TBS。這齣劇描述東京下町谷中的三代同堂之家，主人翁是經營石材店的寺內貫太郎（小林亞星飾演），與妻子里子（加藤治子飾演）、女兒靜江（梶芽衣子飾演）、兒子周平（西城秀樹飾演）、母親琴（悠木千帆飾演，後為樹木希林），以及女傭美代子（淺田美代子飾演）同在一個屋簷下生活，至於單身的職員阿岩和為公，則住在附近的公寓。

二十三歲的靜江個性開朗，腳有點兒不方便，她和離過婚、帶著孩子的男子談戀愛，引起軒然大波。周平正在準備重考，他不想繼承石材店的家業，希望投身新的社會，是對時下流行很敏銳的年輕人。琴擺出一副刁鑽無理的樣子，其實是害羞的老人，遺傳這種個性的貫太郎，也動不動就生氣且出手打人，但他本性善良，對另一半里子由衷佩服。身為家庭主婦的里子，雖然不擅長料理和女紅，卻很用心對待家人和員工，也很懂得尊重他人。

儘管風風雨雨，但彼此卻祈求對方幸福，珍惜身邊的人。《寺內貫太郎一家》述說的是，在小世界中編織小確幸的家庭。

家庭倫理劇又被稱為晚餐時段的連續劇，可想而知，有許多吃飯的場景，全家人圍著和室的桌袱台，劇情在吃飯的時候展開。舉例來說，小說版《寺內貫太郎一家》的桌袱台場景，是以這種方式開場：

貫太郎一家吃飯時總是很熱鬧。

尤其並肩而坐的周平和琴更是吵鬧，今天晚上的爭執，是因為周平把三片蘿蔔乾挾了放在盤子裡。

「蘿蔔乾這種東西，放三片或四片都無所謂吧！」

「這可不成。三片和『斬斷身體』同音[7]，不吉利。」

「那我把兩片放回去。一片總行吧。」

7　日文是：身を斬る，「身」和「三」同音，「斬」和「切」同音。日本人會把切了三片或兩片的蘿蔔乾放在小碟子裡端出來，江戶時期認為切三片跟切腹同音，因此通常都是放兩片在小碟子裡。但是關西地方的人認為三片代表佛、法、僧，是吉祥的象徵。

「一片也不成。」

「到底是怎樣啦，奶奶！」

平常這時候貫太郎總會怒斥「吵死了！安靜吃飯！」，今晚卻罕見地加入討論：

「一片就跟『把人斬斷』[8]同音，不好不好。」

而且當周平吐槽說，這種禁忌已經過時，現在不流行了，貫太郎也只是和顏悅色地說，以前流傳下來的說法不可以捨棄。里子和靜江面面相覷，彷彿在跟對方說，爸爸有點怪怪的呦，況且他的心情明明就不錯，卻沒有再添一碗飯。

當天晚上，貫太郎邀請過去的大關[9]、如今擔任相撲解說員的師傅到家裡作客，這是因為石材同業公會捐贈土俵[10]給當地的神社，於是師傅來教貫太郎進入土俵的方法。職員為公聞訊興沖沖飛奔而來，他穿著一條丁字褲，自願擔任捧太刀隨橫綱上場的力士。忍著風寒的為公，第二天高燒三十九度，於是在貫太郎家休息一個晚上，為公在溫暖的家中接受無微不至的照顧，更加感受隻身一人的孤寂。他成為這一集的主角。

《寺內貫太郎一家》每集的主角都不同，從而讓觀眾見到每個人的人生和想法。吃飯的情節也以象徵的手法表現，例如在等待周平放榜的那一集，家裡準備兩種版本的餐食，如果考上大學就吃鯛魚生魚片和蛤蠣湯，落榜就吃咖哩飯，結果全家吃的是咖哩飯。

有一集演到，雙親過世而來到東京幫傭的美代子，將自己的遭遇與寺內家中年齡相仿的孩子比較，因而鬱鬱寡歡。這時，貫太郎跟往常一樣亂發脾氣，美代子氣得要命，便連珠炮似地命令老闆貫太郎向里子道歉，之後開始絕食罷工。里子為了讓美代子進食，選擇炸蝦作為晚餐的主食。

年輕一輩愛吃洋食，然而在敬老尊賢的寺內家，平時吃的是和食。琴婆婆參加旅行團到熱海出遊的當晚，就把這種體貼表露無遺：

當天晚上，飯廳飄來牛肉炒菜[11]的香氣。

「啊！還是牛肉炒菜好吃」

8　人和一的日文同音。
9　在相撲界僅次於橫綱等級。
10　相撲比賽的檯子。
11　「オイル焼き」是先用油煎牛肉片或牛肉絲，然後放入洋蔥或青椒等蔬菜一起炒，其實就是牛肉炒蔬菜。

周平讚嘆完，貫太郎一面大口咀嚼，說道：

「牛肉就是要吃牛排或是跟菜一起炒啊。」

「奶奶在家的話，就不能這樣了。」

靜江一面在鍋裡添油，一面附和。

「因為奶奶喜歡吃壽喜燒嘛。」

用油煎肉稱為油煎。寺內家的人吃得挺開心，這個時期，愈來愈多家庭的廚房，改鋪設方便又溫暖的地板，流理台當然是直立式。

天然氣遍布全國各地，從此製作需要強大火力的炸物、炒物變得輕鬆許多，就連抽油煙機也很普及，因此寺內家即使不是過年過節，也能把炸蝦或炸蔬菜端上桌。

此外，政府也鼓勵民眾用油脂來製作料理。戰後由於缺糧情況嚴重，日本人攝取的熱量不足導致體格瘦弱，因此昭和三十年代大力鼓吹用油炒菜。

當愈來愈多料理是用黏答答的油來製作，清洗碗盤或流理台也跟著麻煩，成為當時新一代家庭主婦的苦惱。一九五六（昭和三十一）年，獅王油脂開始出售廚房專用的洗潔劑。

偏好洋風的《主婦之友》

洋食和中華料理要用很多油。味噌湯、煮物、涼拌菜等等和食的家常菜，幾乎不用油就做得出來，但許多洋食或中華料理的第一步是先炒香材料，因此廚房裝設抽油煙機後，就能製作更多洋食或中華料理。

生長在昭和前半期的新世代主婦，把電視、雜誌、書籍等媒體，當作學習烹飪的教材，一九七〇（昭和四十五）年，婦女雜誌的銷量最高，當時前四大的婦人綜合雜誌《主婦之友》、《婦人俱樂部》、《主婦與生活》、《婦人生活》，月銷量合計高達兩百二十五萬本，把料理、縫紉、育兒與性生活，所有和主婦生活相關的知識介紹給讀者。

在此之前，這類知識是藉由父母親的教誨，和鄰里鄉親之間交換訊息而懂得。在這年代，上一代的人漸漸不將生活的智慧傳授給下一代，原因在於餐桌。

讓我們以一九七〇年的《主婦之友》為線索，來一窺當時年輕主婦的廚房吧。

接著介紹幾道懷念的家鄉味。漢堡排、牛肉燴飯、玉米濃湯、馬鈴薯沙拉、蔬菜通心粉沙拉、炸蝦、馬鈴薯可樂餅、奶油可樂餅、餃子、什錦菜、麻婆豆腐、焗烤蝦仁。

這一串菜色，讓人回憶起在它們旁邊盛了白飯的飯碗。與其說這是西洋料理，不如說是用日本人的烹調方式做成的洋食。中華料理也是如此，雜誌上的餃子是煎餃，不是中國常見的水餃，洋食和中華料理透過那個時代的媒體，傳遞給當時的年輕太太們。

食譜是方便的工具。即使是沒吃過的料理，只要照順序依樣畫葫蘆，依然做得有模有樣。經濟高度成長期的主婦以雜誌的食譜為範本，不斷挑戰新菜。

從「過年」也看得出當時的人對洋食的喜好。在《主婦之友》一月號的正月料理專輯中，一開始以「為傳統賦予新生命」為題，介紹用醋拌沙丁魚乾、黑豆和柿子當作年菜，並介紹四種變化巧思。

牧野哲朗認為，年菜「沒必要一成不變」，建議製作「以量取勝的西式年菜」，把炸蝦和馬鈴薯沙拉堆成富士山形狀的山形沙拉、烤豬肉等等，有點像是做給孩子吃的午餐。經過《主婦之友》的處理，年菜也變得像扮家家酒般有趣，作菜從此成為娛樂活動。

這本特集值得注意的是，藤田富貴和城戶崎愛的文章，副標題是「耐放的年菜」：

歲末年終到新年這段期間，冰箱往往被塞爆。這時候，只要在年底製作幾樣拿手菜，就可以從大年初一吃到初三，而且有輕鬆作各種組合的方便料理，就算客人已經吃膩年菜，也可以放心上菜。

這個時期的人，不再喜歡每年製作千篇一律的年節料理。

經濟高度成長，意味全民富裕，即使不是請得起傭人的名流，生活也過得挺寬裕，因此從這時代起，即使是一般人家的主婦，也都開始為每天更換菜色而苦惱，而始作俑者之一就是《主婦之友》。

舉例來說，九月號的《主婦之友》提出麵包餐食譜。進入這個時期，人們開始選擇以麵包為主食，一九六〇（昭和三十五）年，有本暢銷書倡導吃米飯會變笨，之後人們就產生「麵包比較有益健康」的印象。但是，剛接受洋食的平民百姓，或許還不習慣把麵包當作正餐，該期的特集意識到這一點，因此以「為了使每天的麵包餐更豐富」作為主題。東畑朝子的食譜，副標題如下：

> 用更開放的心，來思考麵包餐的配菜，不要一味認定非要西式不可，味噌湯或滷羊栖菜也可以。如此一來，食材或菜色就更豐富，產生意想不到的新形態麵包餐。現在，你也來試著製作獨特的麵包餐配菜吧。

介紹的配菜，從豬肉味噌湯、紅燒牛肉、西式丁香魚炒蛋開始，接著是果醬、沙拉的代替品，以及鹽漬蔬菜丁、糖漬地瓜和南瓜，而且沒有硬要用麵包來取代白飯。

昭和三十年代，漸漸不再有社會名流以料理研究家之姿傳授西洋料理，或許也是在這個時期，開始將日式、西式、中式和異國風，做任意的組合搭配，在日本的餐桌上產生愈來愈多變化。

每天都吃些什麼？《主婦之友》經常介紹一個月份的晚餐菜單，讀者一面照著做，也學會設計菜色。

接著，來看看三月號菜單月曆中的一週菜單：

一日：柚子味噌關東煮、雞肉炒綠花椰菜
二日：滷羊栖菜和油豆腐、炸蝦、雞絞肉燴豆腐
三日：女兒節壽司
四日：什錦天婦羅、豆腐味噌湯、銀帶鯡魚乾、小松菜拌芝麻
五日：馬鈴薯可樂餅、法式沙拉、肉絲炒牛蒡
六日：絞肉油豆腐中式燴菜
七日：奶醬白肉魚、芥末醋拌小松菜蛤蠣

其中只有兩天是純和食，剩下五天則混搭洋食和中華料理。

讀者生長的家庭，應該不習慣每天更換菜單，白蘿蔔當令的時候每天吃白蘿蔔，青菜當令每天吃青菜，直到大約昭和前半期，一般老百姓的飲食內容，依然受限於能取得的材料，

沒有豐富多樣的菜色。

在全民均富、階級意識消失的情況下，即使一般老百姓在一年當中，也能取得各種材料，於是家庭主婦必須學會挑選食材和決定菜單。菜色豐富了，組合方式也多了起來，不再老是白飯配味噌湯、醃菜再加上一道菜了事。

值得注意的是，如果規規矩矩遵守每週菜單的話，必須每天買齊新的食材，從頭展現廚藝，不管幾道菜都得作出來才行，如此就沒辦法考量效率和經濟，把一種蔬菜用在各種料理上，或者一次做很多配菜，吃好幾天。

八月號的《主婦之友》，也為剛問世的即食商品和冷凍食品製作特集。家庭主婦的工作變多以後，便出現這種省事商品。在這個人民富裕、消費增加帶動經濟成長的時代，各家業者不斷開發讓消費者輕鬆省力的商品。

誕生於這個時代的即食品、調理包和冷凍食品，不光是因為技術進步，儘管批評加工食品的聲浪不斷，但依然被大量陳列在超市貨架上，原因當然是來自消費者的支持。

高麗菜卷大受歡迎的祕密

還有一個明顯的特點，就是《主婦之友》經常介紹一些費事的料理，像是把材料炒過，然後製作白醬汁淋在上面，最後用烤箱製作的焗烤菜、把白煮蛋壓成顆粒狀的含羞草沙拉

[12]、雞絞肉蔬菜蛋卷、炸乳酪白肉魚，一看就知道費工的料理，經常出現在雜誌。

當時的人氣料理，舉凡高麗菜卷、漢堡排、奶油焗烤，都是洋食餐廳的招牌菜，餃子和燒賣則是中華餐館的熱賣商品，因為這些全都要費工夫製作，所以才成為招牌菜，後來這些家常菜也成為暢銷的加工食品。

家庭主婦親手製作連專業廚師都自嘆不如的料理，菜色之豐富令專業廚師目不暇給。專業廚師多半是日復一日製作固定的料理，家庭主婦則是日式西式中式樣樣都來，生怕若是沒有不斷求新求變，家人說不定會吃膩。主婦們除了菜色豐富、廚藝高明外，料理的難度也節節上升，開始重視自己的面子。

一九六六（昭和四十一）年，NHK的《今日的料理》開始以彩色播送，一九七〇年純圖片的雜誌《An An》創刊。進入觀賞彩色料理的時代以後，以往不在意料理外觀的人，也覺得五顏六色看起來比較好吃。不僅如此，媒體掀起「料理外觀不美會丟臉」的風潮，在一九七〇年的《主婦之友》，也讀到這種時代氛圍的蛛絲馬跡。

來看看《主婦之友》三月號，用彩色頁面報導的文章《我最喜歡媽媽做的便當》：

> 媽媽做的便當真棒，實在好漂亮，不知道該從哪裡吃起。朋友總是湊過來看，說著：「真好啊」。我最喜歡媽媽做的便當了。

接著，用孩子的話作為以下食物的標題：

「海苔卷好吃，我好喜歡」——海苔卷便當

「看見小香腸就會伸手去拿」——三明治卷

「好像在餐廳吃那麼美味耶」——三明治便當

如此變化愈來愈豐富，最後出現了人物便當。在這個時代，似乎不再是只要有鮭魚和日式蛋卷，就能讓孩子開心了。

菜色應有盡有且每天更換，弄得五顏六彩，時不時做些功夫菜讓人眼睛一亮，不斷推陳出新。家庭主婦願意追求繁複的製作工法，是想為自己的存在價值而努力奮鬥。

在這個便利的時代，主婦有更多時間做家事，根據NHK每五年進行的生活時間調查，一九六〇（昭和三十五）至一九六五（昭和四十）年，女性平日做家事的時間減少十二分，為四小時十四分。一九六〇至七〇年的十年間，儘管瓦斯和自來水遍布全國，廚房的設備更

12　將白煮蛋碾成顆粒狀後撒在沙拉上，形似含羞草的花，故名。

齊全，家家戶戶都有冰箱電鍋，然而一九七〇年女性做家事的時間卻還是增加二十三分鐘，是有史以來最長。

在生活還沒有這麼方便之前，家庭主婦整天有做不完的家事，打水生火、親手洗一家子的髒衣服、照顧老人小孩、到田裡幫忙農事、製作醃漬物或乾貨，到了晚上還得修補衣物。在這個時代，自來水和瓦斯管線接通，主婦們輕鬆就能買到食材，家電進入家中，不再有農事需要幫忙，而且家中人口也變少。

多了閒暇時間，出外工作的家庭主婦也變多。另一方面，在家帶孩子，以及儘管做家事的時間變少，但家事把時間分割得七零八落，而留在家中的主婦也很多。有些企業認為，老婆是家庭主婦有助於男性出人頭地，也有不少企業不想雇用女性。

人一閒，會產生罪惡感。為了替不工作找理由，她們想成為主婦這份工作中的專業人士，容易展現的成果就是「料理」，這是她們抱持專業精神之下，所從事的家事之一。端上餐桌的菜色變得豐富多元，因為全年都能取得各種食材，否則沙拉便不可能出現在每天的餐桌上。

一九五〇年起的十年間，各地開起超級市場且成長快速，以便宜的價格穩定供應各種食材。一九六五至七〇年間，從產地到商店全程冷藏供貨的低溫物流系統建置完成，凡是容易腐敗的魚貝類、乳肉製品和生鮮蔬果，都能輕鬆買到手，而物流作業的改變，當然也是因為食材大量生產與供應成為可能所致。

此外，冷凍技術的進步，使得市面上的魚、貝類也變得豐富多樣，農耕邁向機械化使化肥和農藥的使用增多，再加上土壤的改良與農地開拓[13]，導致農作物產量大增。溫室栽培使全年的蔬果供應穩定，而政府也鼓勵從事畜牧業，從美國引進種雞後，雞肉和雞蛋也不虞匱乏。

因為雞蛋便宜，《主婦之友》三月號才能以「用雞蛋做的快速早餐菜單」作為主題。搭配麵包吃的「水煮蛋生菜卷的菜單」，包括水煮蛋生菜卷、法式吐司、即食玉米濃湯，至於「起司蛋包飯的菜單」，則有起司蛋包飯、高麗菜沙拉和即食清湯。每一種料理都是份量大、十到十五分鐘內完成。

在此之前，雞蛋還是高級食材，凡是因為營養不良而引起的肺部疾病，醫生會推薦攝取有滋補效果的雞蛋。一九五九（昭和三十四）年三至四月號的《今日的料理》，在傳授雞蛋處理方式的「便利帖」單元，特別寫「雞蛋不用洗」，這是因為當時有些主婦，連雞蛋都沒

13　第二次世界大戰後，日本政府為了增產糧食，並確保返國的軍人和從殖民地撤回的人民有就業機會，因此全國實施農地開拓政策。

碰過。

一日三餐都吃得到魚和肉，是平民百姓無法想像的奢侈，他們平日攝取的蛋白質來源，主要是豆腐或油豆腐等大豆加工食品，其他還有製作高湯時放入的丁香魚乾、蜂蛹，以及在海邊撿拾的貝類。由於生魚是難以取得的高級品，因此鋪上生魚片的壽司就被當成大菜。

從食材的消耗量，也可以得知經濟高度成長期間日常飲食的變化。

根據總務廳的家計調查，一九六三（昭和三十八）年，每家戶全年購買雞肉三〇六六公克，一九七〇年增加近三倍，為八六五四公克，牛奶的購買量則比一九六三年多兩倍以上，牛奶等乳製品供給豐富，由於可以在超市買到一公升裝的牛奶，平日也能做白醬燉菜或濃湯。

在這個時期，適合做沙拉的萵苣和小黃瓜等食材的消費量增加，而多用來製作和食的大白菜、菠菜、地瓜等的消費量則減少，至於食用油的消費量當然是有增無減。

「附房子、車子、不附婆婆」[14]

經濟高度成長期發生巨大變化的，不單是飲食習慣。《寺內貫太郎一家》受讀者喜愛，是因為三代同堂、照顧員工生活的自營業者正逐漸式微，從這時期開始的主流是，先生在企業上班、住在都市的小家庭。

灰燼中重新出發的日本，在戰後僅二十年就躋身先進國家之林，由製造工業產品的企業，帶領經濟快速成長。

一九五四（昭和二十九）至一九七六（昭和五十一）年，都會區的勞動人口不足，於是從各地找來一群國、高中畢業的年輕人到東京大阪就業。他們在鄉下被父母、祖父母和近鄰圍繞，安逸的同時卻感到不自由，從小到大吃著自家栽種的蔬果、稻米。來到都會體驗迥然不同的生活，儘管大都會令他們孤獨，但生活也從處處受階級或地域的束縛中解放。

從《主婦之友》的文章可以得知，當時的男性大多是地方出身。在十月號的雜誌，針對新嫁娘的「烹飪建議」專欄是這麼寫的：

首先，無法掌握老公的口味。

在百貨公司的各地農產品展售會上，購買並用心研究老公家鄉的食物，是很重要的事。因為老公必定會想吃家鄉味。

14　一九六〇年代年輕女性找另一半的條件。現代人人都有車子，因此這句話已經成為死語。

離鄉背井的丈夫，和在都會區長大的太太，從小吃著不同的食物，因此主婦們不光是繼續吃從小吃到大的食物，也必須接納對方的喜好，為新的家庭打造專屬的味道。

這個時代，產生了許多飲食文化背景不同的夫妻，因此洋食和中華料理得以被接受，並滲透到人們的生活中。即使夫妻對於和食的調味或高湯的熬煮方式各有喜好，但幾乎沒吃過洋食和中華料理。而這種新口味的料理，正好投合出身背景不同的夫妻所好。於是，快速的都市化也孕育出新的飲食文化。

儘管都會有自營的小工廠或商店，但這些業者多半成長為大企業，要不就是經營不善而倒閉，使得受雇於企業的人數比例不斷增加。街邊的酒館成了超市，工廠成長茁壯而被大企業併購。儘管有自營業者繼續經營，但相較不斷膨脹的上班族，前者只是一小部分。一九五五（昭和三十）年，上班族和公務員僅占勞動男性的半數，到了一九七〇年超過七成。

上班族的薪水隨服務年資增加，年輕上班族陸續結婚，住在公寓、社區或大樓。孩子誕生後，集合住宅不夠住，於是靠貸款在郊外蓋房子，而政府的自有住宅政策也是一大推手。日益增加的年輕世代，住家的廚房有鋪設地板、直立式流理台，不再需要蹲在陰暗的泥巴地上洗菜切菜、燒柴生火、在爐子旁邊顧著。近代的住家，人人爭相把電視、冰箱買回家，廚房的工作變輕鬆，在裡面工作的是一群剛當上家庭主婦的年輕女性。

老公忙於工作應酬而常不在家，由於必須靠他一個人來養活老婆、孩子，被公司解雇可是萬萬不能，若是貸款蓋房子就更不在話下，而老公不在家的許多小家庭，當家作主的就是妻子。

主婦在料理下功夫不光是為了盡義務，也是拜主婦雜誌等媒體所賜，而懂得方便好用的廚房設計、豐富多樣的食材，以及新的事物。戰爭結束之際，人人可望而不可及的東西，如今全都手到擒來，眼前的家就是自己的城堡。

經濟高度成長期開始之前，專職主婦一直是年輕女性嚮往的身分，但是轉眼間人民豐衣足食，老公當上班族很常見，專職主婦的身分也不再稀奇。

年輕女性從小看著母親被家事忙得喘不過氣，又要對老公、姑嫂言聽計從，於是嚮往找個上班族男性結婚，住在新穎的屋子，成為掌廚者，而且不負責照顧傳統守舊的公婆。當時年輕世代的口頭禪是：「附房子、車子、不附婆婆」。

新娘先修《白蘿蔔之花》

一九七四年九月至一九七五年三月，NET電視台（現為朝日電視台）播送向田邦子的劇本《白蘿蔔之花》（第四部），描繪照顧父母的年輕人的煩惱。這部由新潮文庫出版的劇本，敘述曾任海軍大佐的永山忠臣（森繁久彌飾演），與在女性週刊編輯部工作的次子誠（竹脇無我飾演）之間的家庭倫理劇。

忠臣的妻子在孩子小時候過世，長男勇（長谷川哲夫飾演）在企業上班且頗受器重，娶了大學教授的女兒悅子（真屋順子飾演），住在大廈中，過著以麵包當早餐的洋派生活，悅子無法忍受忠臣龜毛的個性，因此夫妻倆不跟忠臣住在一起。

為人老實的誠想結婚並且就近照顧父親，無奈第一位交往的對象提出不和公公同住的條件，兩人只好分手。兩兄弟為了父親的事大吵一架，誠甚至說出重話：「我真不懂那種不跟老人家同住的人。」

誠和公司前輩到酒吧喝酒，不久便認識在那裡工作的麻里子（西田步飾演），兩人很談得來，而他們對彼此產生好感的關鍵，竟然是父親都很難搞，麻里子說：「我好羨慕那些可以毫不顧忌，把父親介紹給別人認識的人。」誠回答：「我也是。」

經歷過舊時代，體驗過戰爭的父母輩，與看著世界日新月異而成長茁壯的年輕世代，在價值觀上南轅北轍。年輕人暗自希望，只要能甩掉父母就想這麼做，而彼此的不睦愈深，正是因為他們之間的關係，剪不斷理還亂的緣故。

然而，這齣劇也將感情的濃厚延伸到家人以外，述說周遭的好管閒事者從原本和永山父子作對，乃至守護他們的過程，戲中描繪不同的人眼中，所看到不為人知的忠臣，也成功勾勒出他還有純真可愛的一面。

忠臣和兩位住在附近的海軍時代部下作伴，過著快樂的生活，其中一人和妻子經營名叫「日高」的小飯館，另一人經營一家酒館，儘管兩對夫妻覺得忠臣是個麻煩人物，心裡卻始終惦記著他，沒見到他便覺得冷清。忠臣在店裡喝酒時算他便宜，有時忠臣甚至以長官之姿，命令他們帶菜過去。

兩人的妻子，把誠當成兒子般地照顧，誠在公司的前輩和上司也對他關心有加，因而認識忠臣，成了他家的座上客。永山父子周遭有一群情同親戚的友人，故事就在彼此的情感糾葛中展開。

誠與麻里子的戀愛，乃至麻里子懷孕的新婚生活，成為這齣劇的重頭戲。麻里子的父親必須靠她養，平日過著無所事事的生活，且動不動就以她為藉口要脅別人，表面上是流氓，內在卻是個膽小鬼，原本經營的小工廠倒閉後不久妻子亡故，目前住在女朋友家。

有個令人頭大的父親，加上不滿意麻里子的工作，忠臣起先反對兩人的婚事。經過大夥的居間協調，忠臣認可了麻里子，且愈來愈喜歡她純真體貼的個性，也是本劇最精采之處。

誠和麻里子結婚之前，凡是與飲食有關的場景都以外食為主，故事情節在日高、與誠服務的編輯部同一棟大樓的咖啡館、麻里子工作的酒吧、天婦羅店、拉麵店，以及賣關東煮的路邊攤展開，和永山家飲食的相關敘述並不多，頂多是早餐吃白飯喝味噌湯，晚上煮火鍋罷了。

因周遭的人居中協調而有了圓滿結果，誠和麻里子交往後，跟吃飯有關的場景也突然多了起來，忠臣故意用學習禮貌的名義，要麻里子每天到家裡幫忙家務，於是麻里子辭去酒吧的工作，搬到永山家附近，開始在日高工作。

之後，忠臣幾乎每一集都會訓練麻里子家事的基本知識，舉凡泡茶的方法、打掃洗衣的方法、如何挑選年菜的食材、醃漬的方法、熬煮高湯的方法，以及保養漆器碗的方法。

麻里子的母親在世時，由於忙著從事副業，沒有教女兒做家事，忠臣彷彿就像婆婆訓練媳婦般，把心得傳授給麻里子，如果把忠臣的角色換成女性，這齣《白蘿蔔之花》就成了不折不扣的婆媳故事。舉例來說，某天晚上的廚房出現這樣的情節：

麻里子一面挨忠臣罵，一面把白蘿蔔切成細條狀。

誠在後頭窺看，心裡七上八下。（感覺是剛回到家）

忠臣：「咚咚咚咚咚咚。輕聲一點的咚咚咚咚……菜刀啊，不是什麼可怕的東西……哪，快要碰到左手指甲的地方，咚咚咚。」

麻里子：「咚咚咚咚。」

忠臣：「即使嘴巴說咚咚咚，卻沒把白蘿蔔切斷呢，來！咚咚咚咚。」

誠：「爸！」

忠臣：「叫那麼大聲，我會切到手啦！對、對，咚咚咚咚。啊，這什麼？咦，這哪是切細條，根本是粗棒子嘛。麻里子啊，妳沒切過細條嗎？」

麻里子：「我家的什錦味噌湯，是把白蘿蔔切成四分之一再切片的。」

忠臣：「在永山家，什錦味噌湯都是切成細條狀。」

誠：「不管是切細條還是四分之一薄片，吃到肚子裡還不都一樣。」

忠臣：「你給我待在那邊，在廚房進進出出的男人沒出息。」

不具備料理基本概念的麻里子，代表昭和前半出生的年輕女性，當時有不少女性，在完全不具備家事的基本知識下成為主婦。

由於戰爭而失去母親，少女時代糧食短缺，吃不到像樣的食物，之後年紀輕輕就告別父母來到都市，沒有多餘的時間學做家事，結婚後跟長輩處不來，沒有學會作料理。這個時代的女性，不再只是嫁到公婆家後被當作女傭、夥計，還要學習做家事的生活方式。

因此烹飪教室的人氣鼎盛。經濟高度成長期的女性，在出嫁前或新婚時期，紛紛湧入教室學烹飪，至於利用電視、雜誌等媒體學習作菜的人就更多了。

NHK《今日的料理》工作人員發覺，年輕世代在知識和技術上的欠缺。《今日的料理》在一九六七（昭和四十二）年十二月，製作該節目第一次純日式正統派年菜料理特集，同月份的雜誌也大賣三十萬本，從此該雜誌便推出教授料理基礎的特集。

此外，《今日的料理》對和食的鄉土料理也著力甚深，在這時期透過這個節目而成為知名料理專家的，包括主張「當婆婆的要教育媳婦」，教導廚房基礎動作的辰巳浜子，從江戶時期起流傳的近茶料理家宗師，亦即傳授傳統飲食文化的柳原敏雄，以及身穿秀麗和服，操著青森口音而受喜愛的陸奧地區料理店女老闆阿部奈央。

這個時代的父母，愈來愈不教子女烹飪，媒體便取代父母的角色。當然，每位子女依舊得背負照顧父母的責任，因此昭和後半描繪婆媳對立的連續劇，便獲得主婦的共鳴。《今日的料理》採取教科書形式，偶爾也站在婆婆的立場，而《主婦之友》則是如其名，自詡和主婦站在同一陣線。一九七〇年十月號《主婦之友》的新婚料理特集，從標題的新婚夫妻對話中，將當時主婦的樣子一覽無遺：

老公：「有時下班回家，要等兩個半小時才吃飯，希望妳至少能把時間縮短成一小時。」

老婆：「不好意思。都怪我不熟悉作菜的程序。我一定會改進的。」

接在這段對話後面的是，烹飪的時間表和菜單範例，主食是：起司烤漢堡排和粉煎鰺魚淋番茄醬汁。

老公：「我一說炸豬排好吃，就一個禮拜全都吃炸豬排，菜色全無變化。」

老婆：「您說的是。我會好好研究，增加菜色種類。」

在這段對話後出現的是，糖醋栗子豬肉和中式紅燒鯵魚，兩道功夫菜。新婚主婦對自己不習慣作菜感到焦急，然而新婚丈夫只是一味表達不滿，卻什麼都不做。即使是不墨守成規的年輕世代，所有的家事依舊是妻子的責任，畢竟養家的是老公。不過老婆端上桌的，都是些前未見的洋食和中華料理。

在急遽變動的時代，新世代女性對舊世代和舊習慣很反彈。從現今時代看來，儘管當時的人依舊無法跟舊習慣和人際關係一刀兩斷，但心態確實比母親那一輩先進，而且廚房是新世代女性的專屬空間。

有了時間的主婦，把家常菜的水準一下子往上提，她們想在新時代的廚房中創造新的口味。高度成長期的年輕主婦在媒體的協助下，成就了一場家庭料理的革命。

專欄：調味料改變之下的家的味道

明治時期，由於生番茄難吃而乏人問津，於是農家出身的可果美創辦人，便積極從事番茄加工事業，一九二九（大正十四）年推出的 kewpie 美乃滋，一開始還有人誤以為是髮油。雜誌和廣告的宣傳奏效，昭和十至二十年的消費量增加，然而由於戰況日益惡化，這波洋派的風潮也因而中止。

一九五〇年代，人民對美國的憧憬更勝以往，全日本開始流行吃西式的食物，打頭陣的S&B食品，於一九五二（昭和二十七）年推出桌上用的罐裝胡椒粉，該公司宣傳部的高井真表示，《主婦之友》雜誌的文章一定有撒鹽和胡椒的步驟，業績因而成長。

美乃滋和番茄醬的消費量大增，關鍵在容器的改良。一九六六（昭和四十一）年，可果美用塑膠容器取代一九五七（昭和三十二）年的廣口瓶，美乃滋kewpie則是在一九五八（昭和三十三）年，用塑膠容器取代玻璃瓶，兩種都是輕鬆即可拿取的容器，從此就再也沒有變過。

一九七八（昭和五十三）年是中華料理的極盛期，kewpie推出中式口味的沙拉醬而大受歡迎，此外「餃子的王將」進入首都圈，味之素推出一款即使在家，也能作出正宗中式口味的綜合調味料Cook Do。

Cook Do雖然方便，但也花了十年才大幅成長，該公司家用事業部的古川光友表示：「即使現在很多人炒菜除了放鹽、胡椒，頂多再加點醬油。」這段期間，味之素透過廣告和店面的介紹，不斷努力喚起人們對產品的注意。

進入九〇年代，蠔油、豆瓣醬、辛香料和香草等外國的基本調味料，正式進入家庭。

經濟泡沫時期美食熱，加上一窩蜂到國外旅遊，因而嘗到道地的滋味。《橘頁》（オレンジページ）讓人們見識調味料的各種用法，此外從一九九三（平成五）年起，富士電視台開始播送《料理的鐵人》節目，在觀眾面前使用外國的調味料。

這段期間也發生世代交替，九〇年代當上家庭主婦的女性，屬於從小吃洋食長大、外食經驗豐富的一代，因為嘗過的口味更多，所以有更多人不採用混入辛香料的美乃滋或番茄醬，而是自己將基本調味料加以組合，創造不同的風味。

二〇一〇年前後的情況又反過來，味道固定的綜合調味料大受歡迎，食用辣油、橙醋果凍、kewpie的「有料醬汁」等無須調味的商品，很受年輕世代歡迎。

從餐廳到調理包食品，如今世界各地的味道就在你我身邊，外食以及外帶回家吃的水準也提升了，年輕世代見到洋食不再驚艷，吃到道地的義大利菜也不再感動，手藝趕不上被寵壞的味蕾。這個時代的人們，會先把美味的加工調味料放入食材後再開始料理。

第二章
「想吃道地的外國菜」
——昭和後期

為誰而成為料理高手？

《給星期五的妻子們》的餐桌

經濟高度成長期，也是家庭倫理連續劇的時代。大批來到都會的年輕人，懷抱著成家立業的憧憬，在戰爭中失去家人的人們，也對描繪大家族溫暖人情的家庭倫理劇著迷不已。然而進入昭和後期，結婚養育子女成了稀鬆平常的事，成家也不再是遙不可及的夢想，而且大部分家庭有音響、車子，嚮往的事物大致到手，人們在太平盛世中漸漸感到無聊。

家庭倫理劇退燒後，戀愛成了受歡迎的題材，這是因為當人們衣食住不虞匱乏，便開始追求刺激，於是尋求能燃起熱情的事物，而迷上高潮迭起的愛情連續劇。

自由戀愛在昭和後期開始普遍，儘管在經濟高度成長期，戀愛結婚多於相親結婚，然而只有在結婚為前提之下，才認定彼此為交往對象。

七〇年代的人們，紛紛以欣賞媒體中的戀愛故事為樂，歌頌同居的民歌在年輕人之間大流行，電視上出現一些讓人想與之談戀愛的偶像，讓年輕觀眾目不轉睛。此外，少女漫畫則是一個勁地描繪戀愛情節。

九〇年前後的經濟泡沫時期，全日本出現戀愛狂熱，隧道二人組[1]主持的聯誼節目《隧道紅鯨團》（富士電視台），以及展現時尚生活風，描寫都會戀愛的新潮連續劇，在當時紅遍半邊天。

鎌田敏夫的劇本《給星期五的妻子們》系列影片（TBS電視台），將連續劇的主力觀眾，從家庭主婦變成單身女性。雖說這齣劇是描繪已婚男女的戀愛，但受歡迎的原因在於戲中幾乎感受不到生活的負擔，是一群宛如還在青春年少期的成年人純愛故事。《給星期五的妻子們》除了創造「不倫」這個流行語，故事的發生地東急田園都市線的街道，也成為觀眾嚮往的地方，幾位女主角的生活方式更是一大看頭。

《給星期五的妻子們（III）：墜入愛河》是於一九八五（昭和六十）年八至十二月播出，小林明子演唱的主題曲《墜入愛河——Fall in Love》也大紅大紫。

綽號小駒的山下由子（小川知子飾演）、綽號野呂的遠藤法子（森山良子飾演）和綽號小竹的秋山彩子（篠廣子飾演）三人，住在東急田園都市線的土筆野站附近，一條雅致的住宅街上。她們從幼稚園到青葉女學院一直是同學，年齡同為三十六歲。換言之，這齣劇的主

1　石橋貴明與木梨憲武的搞笑組合。

角是初次懂得戀愛的嬰兒潮世代。

小駒帶著讀小學高年級的兒子，跟帶著同年齡女兒在私人企業上班的山下宏治（板東英二飾演）再婚不久。她從年輕時代起，談過幾次轟轟烈烈的戀愛，是個很會照顧人的人，在附近經營一家地中海餐廳。

經常在山下家出入的野呂，和隻身被外派到仙台的老公啟司（長塚京三飾演）、讀中學的女兒和讀小學的兒子，組成四口之家。野呂老是羨慕別人，是很閒的專職主婦。

小竹是在大宅院長大的千金小姐，她會討好平日身穿和服、嫌東嫌西的婆婆，和讀私立小學的女兒，以及在建設公司設計部上班的老公圭一郎（古谷一行飾演）一起生活。在不妨礙做家事和照顧子女的情況下，從事染布的工作。

小竹知道，圭一郎以前跟她的兒時玩伴岡田桐子（石田步飾演）曾經同居過。她就是因為安慰失戀的圭一郎，最後兩人才結婚的，小駒則是一直把曾經和桐子、圭一郎三人一起生活的回憶放在心上，三名女子從年輕時代就認識的圭一郎，成為外遇事件的主角。

桐子和三位主婦長時間沒有聯絡，後來在花園派對中重逢。桐子單身一人，住在惠比壽的大廈裡，在電影公司擔任字幕翻譯，是個職業婦女。

桐子和圭一郎重逢進而死灰復燃，野呂則是在派對上結識了桐子後輩、長相英俊的藤森順一（奧田瑛二飾演），而與他發展純純的愛，兩條線同時並行。桐子和圭一郎的關係不久就弄得人盡皆知，而藤森和野呂的感情則在暗中進行。

象徵戲中四位女性角色的是餐桌。

平凡主婦野呂做了白飯配味噌湯的晚餐，煮飯的時候女兒在旁邊幫忙。小駒經常在餐廳幫主廚製作料理，只有在友人造訪時，才會進廚房從密封玻璃罐取出日本茶沖泡，有時孩子們會坐在餐桌上，吃著小駒事先準備好的白飯、味噌湯、漢堡排，宏治也經常下廚。

小竹的家裡不曾出現全家一起吃飯的場面，頂多是小竹陪著晚歸的圭一郎，吃她做好擺著的晚餐，至於小竹擅長作菜這件事不是透過餐桌的場景，而是透過和圭一郎幽會的桐子之口得知的。

桐子的家裡，排滿工作用的錄影帶。雖然有她站在小小廚房的場景，然而桐子坐在餐桌前，多半都是在工作。

小駒的家有個露台，成為大家休憩的場所，山下夫婦下了班，會在這裡喝小酒聊天。野呂和小竹也會來玩，難得重逢，也把桐子叫來，在家裡開派對。

在這場派對的席間，圭一郎得知將和桐子在同一時間前往大阪出差，又湊巧住在同一家旅館，兩人發生關係而再度交往。在某次的幽會，桐子請圭一郎到她家裡，她在桌布上擺了白色碗盤和刀叉，還準備了紅酒。

就在約定時間前十分鐘，小駒突然順道來到桐子家，她看見餐桌的擺設宛如餐廳般，便問：「是誰要來？」桐子卻無法回答。這時電鈴聲響起，驚嚇的桐子開門一看，原來是藤森帶著工作的資料站在門口，桐子只差沒說出：「好加在！」於是請藤森帶話給圭一郎，設法別跟小駒遇個正著。

圭一郎約了桐子在咖啡館碰面，桐子對好不容易做了菜卻沒能見面感到失望，圭一郎為了安慰她而在這家店一起用餐，從這時的對話中，得知那天晚上桐子原本準備了哪些菜。

「欸，你猜猜看，我做了哪些菜。」

「高麗菜卷。」圭一郎很有把握地回答。

「為什麼？」看桐子的表情，就知道圭一郎猜對了。

「因為這是妳的拿手菜啊，以前就常做。」

「那，還有咧？」

「紙包燒肉。」

「滿了解我的嘛。」

「因為妳的拿手菜並不多呀。」

桐子大概是不擅長作菜，有把握端出來招待情人的，只有兩三道宴客菜，對此她的辯解是：「我的母親不會像一般人那樣教小孩作菜。」

桐子的母親，是有婦之夫的小三，圭一郎的母親暗中得知此事，於是要求桐子和圭一郎分手，這件事圭一郎並不知情。桐子深信：「自己不是賢妻良母型的人，不適合結婚。」而不擅長料理這件事，更是令她覺得自己完全沒有勝算可言。

小駒從桐子做的料理，看出她要請誰吃飯，於是把圭一郎叫了出來，問他到底有何打算。就在祕密漸漸露出破綻之際，桐子和圭一郎開始明白，兩人糾葛的感情已經是過去式，擔心萬一被小竹知道就糟了，卻不在意可能傷害圭一郎的母親和女兒。

桐子和圭一郎雖斷了關係，但為時已晚，在山下家再次舉辦的派對上，兩人的地下情被公開。於是，圭一郎離家住在商務旅館，就在這時兩夫妻分別去找小駒商量。另一方面，小駒因為安慰偶遇的前夫進而發生一夜情，不久被宏治知道。朋友們得知山下夫妻的冷戰，大家輪番要求宏治原諒小駒，夫妻言歸於好。

山下的家庭糾紛，讓差一點跟藤森出軌的野呂回歸家庭。放棄戀情後，野呂整個人猶如脫胎換骨，不僅不再眼紅別人，甚至對前輩小駒說教。

拜訪山下夫妻而和圭一郎重逢的桐子，當著朋友們的面宣布和情人分手。儘管如此，圭一郎和小竹再也回不到從前。

心煩意亂的小駒，在露台開了一次女生派對，野呂在小駒家的廚房，熟門熟路地做起料理，最後端出法式醬糜、沙拉、法式鹹派、肉類料理，小竹則是帶來一盒食物。

冬季寒冷，原本決定在餐桌上用餐，但因為後來才到的桐子的個人喜好，於是硬是把派對移到露台。山下的家位在以新型房舍為主的郊區，他家的露台便成為來訪友人輕鬆休憩的場所。

四人喝得酩酊大醉，野呂想到戀情告終而哭泣，小竹用別人送的花束打桐子而引起一陣混亂，索性藉著酒膽出門去接老公。

這齣連續劇之所以受歡迎，除了用時髦的生活方式為劇情增色，也因為日子一成不變，有錢有閒的主婦實現了她們的願望。劇中人物只在乎自身感受，也充分反映八〇年代的女性不再想為家庭犧牲，要為自己而活。

製作道地的法國菜

連續劇《給星期五的妻子們（III）：墜入愛河》是昭和後期，和飲食相關的流行和社會現象。

首先，跟白飯不搭的外國料理成為請客的菜色，像是野呂做的法式醬糜、桐子的拿手菜紙包燒肉。

其次，儘管家中有正值發育期的孩子，但還是端出這些外國料理，宛若西方人般，動不動就開起只有大人的家庭派對。

第三，強調「擅長作菜的女人，在情場上也比較吃得開」的理論。對廚藝高明的小竹感到自卑的桐子，端出的菜色就顯得很少，所以會作菜的女人是情場的常勝軍。

最後是孩子自己吃飯。小駒家是雙薪家庭，劇中經常出現兩個孩子自己坐在餐桌吃飯的場景。另外，雖然沒有直接的畫面，但野呂假借去仙台看老公，實際上是跟藤森去旅行的期間，她的兩個孩子也自己吃飯。

深入探究這四點，就漸漸明白昭和後期的飲食狀況。

第一點，道地的外國料理受人歡迎，是從經濟高度成長期結束的那段時間開始。

辻嘉一、小野正吉與陳建民，在六〇年代後半至八〇年代，分別出現在NHK的《今日的料理》。辻嘉一開設的辻留，為政金界大咖聚餐的高級懷石料理餐廳，小野正吉是大倉飯店的總主廚，陳建民是把麻婆豆腐引進日本的料理人。他們將道地的日本料理、法國料理和中華料理介紹給大家，由於講究道地，因此小野正吉說出：「家庭主婦做不出來吧」的名言。

不管做不做得出來，由於主婦想了解道地的洋食，而不是日式洋食，於是七〇年代請江上登美和飯田深雪出版道地外國料理的系列書籍。

昭和後期，市面陸續賣起百科辭典和百科全集，於是開始流行在接待室或客廳，客人進門看得見的書架上放這些書籍作為擺飾。知名料理研究家的外國料理系列叢書，可說是料理版的百科全書。

婦人畫報社從一九七四（昭和四十九）至一九八〇（昭和五十五）年，出版十一冊飯田深雪的著作，這一系列介紹各國料理的食譜書，共分為沙拉、三明治、燉菜和湯、雞肉料理、前菜，以及起司料理，由於當時日本人還不熟悉這些菜色，因此每一本書的最後會教大家如何處理食材，和製作這些料理的訣竅。

時代生活（Time Life）公司於一九七二（昭和四十七）至一九七九（昭和五十四）年，出版世界十八個地區或國家的料理書，由江上登美擔任日語版書籍主編[2]，說起時代生活公司發行的圖片雜誌《生活》（*Life*），羅伯特・卡帕（Robert Capa）等周遊世界各地的攝影記者，經常在其上發表作品。

兩大冊書像百科辭典般裝在厚紙盒裡，一冊的大小相當於一本百科辭典，說明各國飲食文化的特點、料理和食材，並附上彩色相片，還有家庭餐桌的實況報導，書中雖然也介紹食譜，但是以書的厚度來說，實用性應該不高，並附上活頁式的食譜小冊子。

在這時期，《日立紀錄片，精采的世界旅行》（日本電視）以及《兼高馨的世界之旅》（TBS）等紀錄片在電視播送，介紹人們不知道的世界，因而博得很高的人氣，在出國旅行可望而不可及的時代，人們透過電視宛如身在從未見過的外國，至於《世界的料理》系列叢書，是從飲食切入的世界之旅。

以法國料理（原著為MFK Fisher）的目錄為例：

序　文　法國料理的真髓
第一章　地方風土和味覺
第二章　以家人為中心的飲食
第三章　對食物的喜好和巧思
第四章　前菜：一餐飯的序曲
第五章　麵包：生命之糧
第六章　湯：味道與香味的來源

2　名為タイムライフブックス——世界の料理系列書籍，包括七二年的法國、俄羅斯、中國、英國，七三年的日本、德國、斯堪地那維亞、法國古典、義大利、紅酒與白酒，七四年西班牙和葡萄牙、日本的節慶料理、美國、印度、太平洋與東南亞、奧地利與匈牙利，七八年中東、加勒比海諸島。

第七章　魚：海中的珍饈與日常料理
第八章　禽肉：從雞到野生禽類
第九章　肉：發揮原味的訣竅
第十章　蔬菜：大自然的豐富滋味
第十一章　沙拉：餐桌之花
第十二章　乳酪和水果與紅酒
第十三章　甜點：句點的滋味

從目錄看出，這本書有意把什麼是法國料理、每一道菜的角色、基礎知識，乃至飲食文化特有的內涵告訴讀者。舉例來說，因為《南法普羅旺斯的十二個月》在全球暢銷，而家喻戶曉的普羅旺斯地方料理是用以下的方式介紹：

普羅旺斯從羅馬時期就是有名的避暑勝地，這裡和地中海北岸的其他地方一樣，料理的基本材料都是大蒜、橄欖油和番茄，馬賽魚湯就是使用這些材料。這道有名的燉煮魚，放入十多種地中海的魚貝類，普羅旺斯料理的風味通常比北部料理更豐富。

第十一章沙拉附上圖片，說明用來做沙拉的蔬菜和香草，甚至到一般人家實況報導沙拉的製作。無論是馬賽魚湯、沙拉還是香草，都還沒有進入日本人的生活，從書中得知當時的日本人對法國的飲食文化相當陌生，但之後的四十年，卻已經貼近人們的生活。

日本的飲食文化，是以在潮濕氣候下製作的發酵食品當作調味料。此外，日本從鎖國時期以來，就建立自給自足的生活方式，以自己種植的蔬菜和捕撈的魚貝為主要食材。進入日本的法國料理及其他西洋料理，要調整成可以配飯吃且製作簡便的洋食後，才能成為人們生活的一部分。

用來調味的辛香料，是大航海時代和掌控殖民地的結果，歐洲把亞洲、非洲等世界各地的素材拿進來，建立特有的料理文化。歐洲的食物不像日本料理使用大量的水，而是利用食材滲出的水分來熬煮、用烤箱烤，烹調方式也不同於日本料理。

這一系列叢書，從背景開始告訴大家陌生國度的飲食文化。當初會出版這系列書籍，與其說是因為豐衣足食的人們的求知欲，不如說是因為對異國文化的旺盛好奇心。昭和後期，許多人想把這類書籍陳列在書架上，或是因為有餘裕，而想要先讀為快。

在此時期若不是透過媒體，外國是很遙遠的，人們不知道的事還很多，也有很多事想告訴文化的中堅份子。

東京奧運和大阪萬國博覽會，此類傾全國之力的大型活動，提高了人民對外國的關注，然而由於日幣的幣值便宜，出國旅遊談何容易，而外國料理的餐廳消費水準偏高，加上當時不是到處都有義大利小館和印度料理店。更重要的是，在這個時期出現與風行家庭餐廳，「外食」開始成為日常生活的一部分。

在這時代，說到大餐就屬牛排。不久之前，人們透過媒體對外國料理產生嚮往，因為親手試做而接觸外國料理。

派對料理和《紅髮安妮》

江上登美和飯田深雪的叢書中介紹的外國料理，在當時算是少見，無法每天端上桌，比較適合用來宴客。因此，昭和時期的人還有在家請客的習慣。

原本招待客人就應該在家，過年過節和婚喪喜慶就不用說了，平日有同事、鄰居或親戚來訪也是稀鬆平常的事，客人甚至會留宿。

提親、討論公事或商量事情，也會到某人的家裡當面交談，就算沒有特定目的，人們平常就會去見朋友，或是把客人接到家裡。他們珍視友情，偶爾會吵吵架，也會敞開心胸吐露心事，加深彼此的友誼。這種現象和經濟高度成長期為止，電話尚未普及也有關係。

面對面交談，會是在吃飯的時候。當時的主婦，都拿得出一、兩樣招待客人的菜，過年過節也都有固定要做的菜。

昭和後期，人們不再習慣在家輕鬆招待客人，當時每戶人家都有電話，也不必到外面去洗澡，尤其是從各地來到郊外居住的人們，由於互不相識，家就成了私人空間，不再有人進進出出，年節的慶祝變少，而且愈來愈簡化。

離開老家的上班族家庭，親戚因住得遠而不會經常到訪，由於公司的經費充裕，招待客戶會去料亭之類的地方。不僅如此，類似家庭餐廳經濟實惠的外食場所也多了起來。

另一方面，他們也透過孩子而結識鄰居和家長，或是在社會大學結識正值人生黃金時期的朋友，有了新的人際關係。此外，替孩子慶生也愈來愈普遍，畢竟招待朋友是主婦求之不得的機會。

雖說主婦從小的成長環境，帶朋友到家裡是理所當然，但是現在和街坊鄰居之間卻只是點頭之交，家事愈來愈輕鬆，加上孩子生得少而感到孤單寂寞，想跟人在一起。她們有了可供自己任意使用的廚房，於是想把從新婚起就不斷磨練精進的外國料理，露一手給別人看，但邀請人到家裡吃飯的情況愈來愈少，於是家庭派對這種西方國家發起的文化，就被當作新奇的事情引進日本。

入江麻木是活躍於昭和後期的料理研究家之一，她也是小澤征爾的丈母娘。入江在世界各地的古典音樂家和名人參與的派對中，展現了高超的廚藝，尤其女兒結婚更是她以料理研究家身分，在媒體出道的關鍵。

一九四二（昭和十七）年，十幾歲的入江，嫁給住在橫濱山上高級住宅區的白俄羅斯末代貴族。剛結婚不久，入江第一次看到大塊的肉而大吃一驚，家中寬闊的走廊，以及放得下二十四人座大餐桌的飯廳也令她畏怯，她向婆婆學習製作甜點，接受俄羅斯式的淑女教育，並在公公的指導下，學會做俄羅斯料理。身為日本人的她，婚後成了俄羅斯貴族社交圈的一員。不久，丈夫被調往美國等地工作，入江因此從熟識的巴黎社交圈朋友那裡，學會製作外國料理。她和迪奧結為莫逆，與迪奧的學生聖羅蘭情同母子，也出席過艾森豪孫子的派對，參與各方菁英聚集的場子，自己也舉辦派對。

入江於一九七九（昭和五十四）年出版食譜書《要開派對嗎？入江麻木的宴客料理》，這本精裝書收錄許多為派對做準備的彩色圖片和多篇散文，除了食譜，也提出各種派對的新點子和心得。

例如，入江在《慶祝春天到訪的復活節派對》散文，介紹以下料理：

在此，我趁著最喜歡的復活節，試著擺一桌料理，慶祝春天的到來。美味的前菜，是用火腿肉卷新上市的綠蘆筍，主菜是烤皇冠肉排，但因為小羊排取得不易，所以我嘗試用帶骨豬排肉製作。接著，我用陽光生菜沙拉，清一清口中的肉味。甜點是俄羅斯在復活節一定有的生乳酪蛋糕，據說尼可拉皇帝喜歡在咖啡裡加檸檬，這種蛋糕跟它很搭。

吃完大餐出去散步，感受春風的吹拂。從今天起，可以戴上綴了很多花的夏季帽。有沒有一種好事要發生的預感呢？

在展示這些料理的整頁全彩色相片中，靠牆擺放的餐桌上有帶骨的豬里肌肉，骨頭尾端用白色餐巾包著，排成皇冠的形狀裝在盤子裡，在光線照射下顯得非常耀眼。再過去是薔薇的花飾，牆上掛一頂用花綴飾的草帽，照片中的景物跟文章內容完全一致。

帶骨的里肌肉排不是到處都買得到，並且使用香草、辛香料、蘋果醋，等等人們不大熟悉的調味料。

入江也提出高地蔬菜籃派對、初夏的花園派對、秋天一人一菜的派對、晚餐派對，等等點子。儘管入江承認自己結婚前不曾慶祝過耶誕節，但在她的世界裡完全沒有日本的元素，她所介紹的派對都是依據歐洲的習俗，料理也是除了俄羅斯料理外，都是法國、英國、義大利、希臘等地的外國料理。

當時的主婦住在鋪著榻榻米、瓦片屋頂的房子或樓房，對入江展現給大家的西方名流世界憧憬不已。然而後記提及，出版類似書籍確實是希望對當時的人具有實用性：

在這兩年間，有不少《喜歡料理》（お料理はお好き）的讀者，來詢問和派對相關的書籍，因而造就本書的出版。

讀者想要的食譜書，是教大家利用平常不使用的食材，作出道地的外國料理來宴客，而像這樣的富裕生活，在當時已經很普遍。《喜歡料理》是鎌倉書房出版的家庭料理書籍，書中也附上散文和圖片。

入江麻木的書讓我們注意到的是，和《給星期五的妻子們》一樣感覺不到現實生活，採取如童話故事般的天真風格。

入江曾經出現在《今日的料理》。一九八二（昭和五十七）年一月號的特刊，入江所作的主題是「溫熱的湯和奶油白醬燉煮」，照片中有復古的炭爐、披巾，以及做到一半的編織品披掛在木椅上，讓人想到寒冷的歐洲國家。副標題的文章是這麼寫的：

把鱈魚做成溫熱的湯
光用蔬菜就能做成好吃的奶油白醬燉煮
用鹹鮭魚來做也很美味
午後咕嘟咕嘟燉煮
傍晚準備湯

這是大人的童話故事
今晚
溫一溫心愛的盤子
寒冷的一月也能簡單完成

——溫熱的湯和奶油白醬燉煮特集

接下來介紹的食譜，有高麗菜雞湯、奶油白醬燉雞肉、奶油白醬燉鹹鮭魚、鱈魚湯、地瓜湯、蔬菜燉煮、簡便的奶油白醬燉香腸、奶油白醬燉肝臟、雞胸肉什錦蔬菜湯。連NHK的《今日的料理》，都用以上方式撰寫副標題。簡直就像童話世界，可愛、夢幻，完全沒有生活的氣息。然而在此之前，《今日的料理》還是請料理研究家的婆婆媽媽，把作菜的嚴謹心態教給大家。

其實，這段期間非常流行童話般的詩意，無論是拼布教室、麵包教室，以及傳遞歐美文化的才藝教室，也在這個時期達到顛峰。

打著歐洲風、外國風，其實產生了不屬於任何地方的品味，這樣的風氣也在這個時期出現。輕井澤和清里等休閒度假勝地，充斥童話般的建築物和商品，到處都是女孩子。把故事搬到現實世界的東京迪士尼也在此時誕生，這股童話風當然也大舉進入家庭料理。

鎌倉書房出版幾本用彩色照片、插圖和散文，呈現可愛料理和手藝的書，在沒有大肆宣傳下，默默成為暢銷書。

《給可愛的女人：甜點的繪本》（一九七八年）、《給可愛的女人：料理的繪本》（一九七九年），以及介紹拼布、人偶手藝的《紅髮安妮的手作繪本》一至三冊（一九八〇年），《紅髮安妮》似乎有很多粉絲，鎌倉書屋倒閉後，一九九五（平成七）年由白泉社推出復刻版。

這個料理繪本叢書除了《紅髮安妮》，也嘗試製作《小公主》、《小紅帽》、《若草物語》、《愛麗絲夢遊仙境》，昭和中期大量翻譯出來的童書，以及改編成電視動畫的歐美故事所出現的料理。

當然，入江也以工作人員的身分參與這套書的製作，入江的食譜讓故事場景躍然紙上，包括在《若草物語》，慶生會上出現的酥皮盒子奶油白醬燉煮小牛、火腿透明凍，以及在《小公主》故事，水手嚮往大戶人家吃的酥皮燉牛肉、紅蘿蔔濃湯。這本書也讓讀者覺得，入江的料理大部分適合於派對。

童話風最強烈的部分，要屬這本書的設計，代表性的一幕是一張有可愛服飾和家飾品陪襯下的餐桌畫面，這張彩色相片的旁邊有一張可愛的彩色插圖，插圖中的人物穿著和照片相同的服裝，加上一篇用童話故事語調寫成的料理介紹文章。童話故事中的人物躍然紙上，令文學少女和「資深」少女欣喜不已。

當時不光是鎌倉書房，會以故事為題材出料理書，引燃這股出版熱潮的是文化出版局。這家公司從一九七六（昭和五十一）年的外文翻譯書《噗噗熊的料理讀本》後，接二連三出版《瑪莉包萍》、《大草原的小房子》、《愛麗絲夢遊仙境》，令喜愛讀書的女孩開心的書籍，主婦之友社、講談社乃至學研也不落人後，七〇年代後半至八〇年代初，紛紛出版以故事為題材的料理書，儼然形成一股熱潮。

給思秋期的妻子們

無論是以故事為題材，還是替派對想點子，料理書的本質與其說是實用導向，不如說是讓讀者暫時脫離一成不便的生活。大部分的讀者都不大可能三天兩頭請客，書中能被納入每日菜單的料理也很少。既然如此，為何這樣的書在昭和後期大量出版，而且大受歡迎呢？

當時的主婦過著優渥的生活，在生活必需品完全不虞匱乏之後，市面上開始賣起更高級的廚房周邊用品。

說到廚房，不是那種水槽和爐台各自獨立的傳統廚具，而是所有門板統一顏色，而且跟天花板之間無縫接軌的系統式廚具，電鍋和冰箱當然一樣不少，新買的是可以烤全雞和整個蛋糕的烤箱。料理酒不光是日本酒，紅酒也開始成為必備。

熟稔洋食和中華料理且喜歡下廚的家庭主婦，尋找新的菜色以精進廚藝，她們想做費工又費錢、更接近道地的料理，這種時間和金錢上的餘裕，培養出某種階層以上的家庭主婦。即使不是望族和企業家，也有能力自己蓋房子，送子女上私立學校和出國留學，而子女不在身邊的父母，也比較有閒情逸致。

這個階層的主婦不需要出外工作，每天更換菜色自不在話下，無論幾道菜必定親手製作，家庭主婦的重要工作是等著家人再添一碗飯，若是不小心說出「我想去工作」，而被老公斥責：「妳是不滿意老子的收入嗎？」這下子可就無言以對了。這個時代的老公，必須展現自己有能力養家活口，在社會上才會有立足之地。

主婦白天去才藝教室上課，埋首在興趣之中，是件快樂的事。沉迷在手作之際，也忘掉不愉快的事，和朋友、老師聊天能排解平日一個人的寂寥，至於學做道地的外國料理，也在這類興趣的延長線上。

端上餐桌的主菜，不一定是帶骨的豬肉排，就算酥皮濃湯少了酥皮，家人應該也不會表達不滿，但就是想做做看，想知道是什麼味道，更重要的是，花時間大展身手後的成就感。

就算花心思作出這樣的料理，家人大概也和吃炒菜跟味噌湯時相同的表情吧，但是主婦偶爾也想獲得「好好吃」和「真棒」之類的讚美，想用料理來感動、取悅人，於是她們想開派對。當其他主婦注意到料理的難度和美味時，就會讚美自己。

因此，假想自己在派對上或是在故事中作料理，可說是家庭主婦逃避無聊生活的手段。

主婦每天為家人兢兢業業，但是這份工作既領不到薪水，而且沒有盡頭。作出來的食物，吃到家人的肚子就不見了，掃過的屋子、洗過的衣服又會髒，日復一日勞動卻看不到成果。

孩子小時候是這麼依賴自己，轉眼間已經長大而出外遊玩、上學，老公忙於工作，要不就多半時間和男性友人在一起。

主婦日復一日地忙碌直到生命結束，不知老之將至的渾噩度日，希望能過得輕鬆點。以外遇為題材的連續劇受歡迎，一來是主婦看到與自己年齡相仿的主角，於是抽離現實生活而怦然心動，而且看到戲中為愛心動而充滿生命力的主婦，心生嚮往。

一九八二（昭和五十七）年出版的非虛構類暢銷書《妻子們的思秋期》，證明主婦的孤獨。書中的主婦都不必為生活煩惱，但很少跟人來往，時間很多，卻因為有錢有閒的孤獨生活而煩惱，於是有的人沉迷於酒精，對全心投入工作和嗜好而不陪伴自己的老公充滿嫌惡。

物質不虞匱乏的主婦，因此忘記自己應該扮演的角色。

感覺對他人有所幫助、自己不斷成長，會讓一個人有活著的真實感。反之，在他人保護下過著安逸生活，沒有生活的真實感。此外，經濟方面得到老天眷顧，人和人之間就沒必要互相幫助，既不必絞盡腦汁維持家計，也沒有具體的煩惱想跟誰商量。然而，主婦不可能沒有煩惱。

沒有人需要我嗎？內心被無法言表的寂寥感侵蝕著，然而被孤獨淹沒的主婦，在他人眼中依舊沒有她們的存在，主婦的孤獨會導致什麼結果，此時的我們還不知道。

情場得意的少女，很會作菜嗎？

年輕女性的情況稍有不同。對於未來將認識另一半並步入婚姻的她們來說，成為料理高手是人生成功的手段。

這樣想法的關鍵在一九七六年出版、桐島洋子的料理散文集《聰明的女人是料理高手》。這本書和許多暢銷書一樣，書名遭到誤解而被濫用，於是社會流行一種說法，擅長作菜的人比較受異性歡迎。《聰明的女人是料理高手》要職業婦女不放棄作料理的權利，用有效率的方式作料理，以兼顧工作和家庭。書中完全沒有提及在情場吃香的事，但由於這本書的作者頗受男性歡迎，因此就這麼詮釋了。

戀愛結婚為主流的昭和後期，女性想用盡一切方法，捕捉到高富帥的男性，這個時期的女性沒有很多自力更生的管道，結婚就成為她們生存的手段。但是，儘管透過相親能清楚了解對方的經濟能力，但這個時代的女性對這種老掉牙的做法卻敬謝不敏，想跟自己喜歡的人結婚。凡是外表討喜、有魅力、有經濟能力的男性就成了熱門對象，而料理也就成為擄獲他們的心的一大手段。

這段時期，在悠閒自在的生活中，扮家家酒般的料理也在少女之間流行起來，對十幾歲的少女來說，料理是接近男性的武器，也是享受當下的一種興趣。

一九八〇年代，以青少女為讀者群的時尚雜誌《儂儂》，幾乎每一期都會在「儂儂烹飪」刊登料理筆記，受到食欲旺盛的年輕女孩歡迎，這裡的料理也是由入江麻木指導，還有以「love阿姨」的暱稱，受到年輕女性支持的城戶崎愛。

一九八四（昭和五十九）年四月二十日的「儂儂烹飪」是由入江麻木負責製作料理，主題為蔬食派：

> 最近吃生菜沙拉有點吃膩了，可是我又想品嘗當令的美味蔬菜，因此我想要談的是，把蔬菜跟派皮做搭配。沒錯，就是「蔬食派」。初夏盛產的蔬菜共分三種顏色，可以善用不同顏色製作，是派對與下午茶的嚴選菜單。

從上面的副標題得知，對當時的少女來說，沙拉已經成為平日的食物，這篇報導讓大家注意到年輕人特有的旺盛好奇心，有新東西就想試著去做。

五月二十日的《儂儂》介紹綠蘆筍料理，綠蘆筍是「這十年間銷售量增加兩倍，成長率最高的蔬菜。」根據這篇報導，在經濟高度成長期，蘆筍是指白蘆筍罐頭，八〇年代被綠蘆筍取代。

十一月二十日的《儂儂》，介紹城戶崎愛指導的「簡易雞蛋宵夜」。菜單包括：焗烤蔬菜蛋卷、披薩風味的厚片煎蛋、水果舒芙蕾蛋卷、什錦海鮮的美味半熟蛋液雜煮、水煮蛋熱湯，以及圓形小烤碗裝的茶碗蒸。

對於追求新奇的十幾歲孩子來說，用點巧思為既有料理帶來新意，就能給人料理高手的印象，從少女流行雜誌中得知，利用稍許變化來增加菜色，開始成為女性的武器，沒有必要學會做很多道菜。

一九八五（昭和六十）年十月五日的《儂儂》雜誌出現香草植物，題目是「香草的繪本」，並且介紹販賣香草的店家。接著來看副標題：

「所謂herb就是香草吧，但是我不大曉得香草是用來做什麼的。」你滿不在乎地這麼說。真是可惜啊！跟香草做好朋友，不但料理會變好吃、肌膚變美麗，每天也會變得快樂哦。以下詳細介紹人見人愛的香草，有哪些魅力。

從這篇文章得知，流行是從十幾歲的少女開始，而且香草在當時開始被人們所知。閱讀《儂儂》的少女，大多是為了自己想吃吃看而作料理，不是因為必須做給家人吃。

想滿足好奇心和欲望而作料理，完全是抱著扮家家酒的心態，但是她們的腦袋裡當然也包含一種算計，那就是喜歡作菜的女人能夠成為好太太。

可以從少女漫畫充分了解這樣的算計。戀愛解禁不久的七〇年代，《凡爾賽玫瑰》這種場面壯大、不屬於現實生活的戀愛劇受到歡迎，劇中主角竭盡一切為愛而活。進入八〇年代，愈來愈多以日常生活為舞台的現代校園連續劇，即使劇中有浩大場面，但還是細膩刻畫日常生活，這是因為愈來愈多正值戀愛年紀的少女，追求的是平實的愛情，加上如果不能在戀愛上得勝，便無法期待未來會更好。少女漫畫是少女的戀愛教科書，因此書中把有利結婚的因素加進去，啟發少女們的靈感。

八〇年代的少女漫畫，內容多半是擅長作菜的少女也是情場贏家，像是男友感冒，便買了食材到他家作料理給他吃；帶著親手作的便當去約會；心儀對象因為運動比賽而肚子餓，於是帶手作餅乾或飯糰去探班；耶誕節做一頓晚餐在家宴客，情人節送親手作的巧克力。總而言之，擅長料理的女孩從心儀對象的胃下手，將他緊緊抓住。

《艾利安大道》[3]（成田美名子，白泉社，一九八〇至八四年）曾在《拉拉》中連載，

3 又名《神祕王子》。

至今仍是喜好漫畫的女孩之間的話題。故事發生在洛杉磯，有中東王子參與各種社交場合的名流氣息和槍林彈雨，這部驚險喜劇既是冒險故事，也細緻描寫充滿魅力的人物，他們平日的生活細節。

主角是來自法國的留學生，也是大學的新聞記者傑拉洛，由於意想不到的事情，於是賴在中近東某國王族的兒子、也是留學生的沙洛家裡白吃白喝。在這家裡，還有一位名叫翼的日本少女，她因為某件事而在心中留下瘡疤，一舉一動成為注目的焦點。

短髮的翼，自稱為「僕」[4]，因為某些事離家出走，以打工換宿的方式住下來，年僅十五歲的翼，不僅會做和食，就連法國菜、阿拉伯菜、美國菜都難不倒她，可說是料理高手，但暗戀沙洛。

第一次出現翼作料理的場景，是在沙洛美麗的堂妹娜蒂雅來訪的時候，翼對他們看似親密的舉動頗不是滋味，於是來到廚房切著變硬的麵包，把煮過的蘋果連同覆盆子、杏桃一起放入烤製蛋糕，以下是她端著熱騰騰的甜點上桌，大家欣喜若狂的一幕：

「好吃！這種叫蛋糕嗎？」娜蒂雅驚呼。

「這叫夏洛特蛋糕，這種做法，即使是硬梆梆的麵包也很好吃，對不對？」翼說。

「真的耶！好會做哦！」感興趣的娜蒂雅說。

「翼皇后做的食物，是全世界第一的哦。」傑拉洛說。

「之前做的柳橙蛋糕也好好吃，再做一次嘛。」聽到沙洛對自己的特長感到滿意，稍許恢復元氣的翼回答：「真的有那麼好吃嗎？」

有一回，沙洛隨同娜蒂雅和幾位大學同學去沙漠探險，翼因為耐不住暑熱而病倒，正當大家商量接下來的行動時，沙洛和納迪亞發現翼坐在廚房而有些擔心，於是翼對他們說：

「冰箱裡的牛舌不快點做起來不行，可是我不大舒服，沒辦法碰那東西。誰可以把它切片……」

兩人對著認真的翼啞口無言。於是納迪亞上陣，來到廚房。

「翼去休息吧，這種事讓我來做。」

4 日本男性稱「我」為「僕」。

「好，調味就由我來。」

「別擔心，交給我，但我會把它做成阿拉伯風味就是了。」

翼被娜蒂雅說服，回到房間。

「不是的，我不是那麼率直的好女孩。我只是不希望，自己僅存的容身之地被搶走啊。」

心情低落的翼心想。

病倒卻還勉強作料理的翼，滿腦子想的是沙洛的心會不會被娜蒂雅抓住，因而感到不安。娜蒂雅會作菜、人長的可愛，健康又善解人意，具備所有吸引人的條件，讓翼信心盡失，她之所以自稱為「僕」，或許是因為對自己女孩子的身分有種不安全感，這本漫畫把翼設定為離家出走的少女，也表現出翼在父母身旁的不安。

無法真實感受被父母愛的翼，覺得自己無容身之處。因為沒有被人珍惜的真實感受，因此會拚了命幫助別人，希望從中找到自己的存在價值。從上面的情節得知，「料理」是女人找到自己容身之處的重要手段。

田邊聖子的手料理論

同一時期，在成年人閱讀的小說世界中，也出現擅長料理的女人受異性歡迎的情節。至今依舊寫作不墜的人氣小說家田邊聖子，在一九八四（昭和五十九）年出版《情海沉浮》。這本書的主人翁是三十一歲的阿明，她和年長三歲的上班族老公阿弘住在大阪文化住宅[5]。

這本書的主人翁和之前的漫畫一樣，有著男孩子氣的名字。在八〇年代，名字男孩氣的女性受到同性的支持，其中的代表人物是剪一頭短髮的頂尖偶像小泉今日子，她身穿吊帶褲，上半身是寬大白襯衫。在這個時代，女性開始進入以男性為主的企業而受到矚目，當時的人認為，當個職業婦女是件很帥的事，女性希望藉由男性化的舉止，獲得與男性平等的對待。

然而，男孩子氣的女性，也必須是個料理的高手才行。反過來說，正因為男孩子氣和「粗魯」只是一線之隔，因此更得要很會做家事才行。但是話說回來，廚藝好就能加分，但現實生活中的職業婦女，不擅長作菜的反而居多。

阿弘是典型的昭和後期男性，他自信老婆靠他養就行了，若是老婆要工作，希望不要

5　日本大正時期引進的和洋折衷住宅。

影響做家事，他回家的時候，老婆一定要出來迎接。擅長做日本料理的阿明，緊緊抓住老公的心。

今天晚上是韭菜炒雞肝，茄子鯡魚拼盤，只做了一點鯖魚的生壽司，這種奇特的搭配，竟然讓阿弘的表情亮了起來，說道：「肚子餓死了！不用喝酒，我現在就想吃。我家的伙食一等一，很有概念。」就這麼等不及吃了起來。

阿明一直愛著阿弘，卻也心儀別的已婚男性。一對夫妻帶著孩子搬到隔壁不久，明就喜歡上那對夫妻的先生實，喜歡見機說些暗示對他有好感的話。

阿弘和實的妻子因為在同一班電車上聊天，進而成為朋友，他同情實的妻子不擅長作菜，於是邀他們來家裡聚餐，這時候阿明說：「我做了山葵泥和柴魚，撒上烤得香香再用手捏碎的海苔，再淋一點醬油。」「串烤鴨茄子上撒芥菜子、醋醃鱧魚皮和小黃瓜、照燒鱧魚。」「如果客人覺得太清淡，再附上一道豬肉和白蘿蔔的拼盤吧。」所以說，即使是花功夫的宴客料理，對阿明來說也不成問題。

阿明藉由和實一起吃飯，而縮短兩人的距離，但是自從阿明被高級住宅區的精品店請去當店員後，就對實失去興趣，因為比起跟著妻子生活在安適區而不肯出來的鄰居，她發現了更加新奇有趣的世界。

儘管阿明的老公和婆家都覺得她不夠機靈，但是阿明倒是發現自己在接待顧客和時尚方面很有概念。她接觸到有錢人的世界，靠海的神戶近郊街道的開放氣氛，深深吸引著她。

有一天，店裡來了一位紳士名叫鷹野，他長得像海龜般又胖又醜，出手闊綽看似有錢人，他的家人住在東京，過著分隔兩地的生活。阿明把洋服送去他的住處，出身農家的鷹野問她如何料理他費心現採的南瓜，於是阿明就做了南瓜奶油濃湯和煮南瓜。

鷹野吃著煮南瓜，感動說道：「打從心底的好吃，跟小時候吃的味道一樣。」為了答謝，於是鷹野請阿明吃飯，兩人發展成地下情。換言之，阿明就憑著煮南瓜把富豪的心緊緊抓住，鷹野在約會時說，阿明做的煮物多麼好吃，向阿明傾訴對她的好感：

> 到頭來我的結論是，真正的美食，是女人在家裡廚房做給我吃的家常菜。我已經吃膩外頭的東西了，但是這年頭的女人，也會想到外面吃飯，於是就沒有女人能做好吃的家常菜給我吃了。

這段時期開始，女性不下廚已經是個問題，就連通俗小說都出現不下廚的女性。

女人喜歡嘗試新口味，男性對食物比較保守，昭和後期的料理研究家土井勝鼓吹「媽媽的味道」，而酒館媽媽桑做的懷念滋味之所以受客人喜愛，是因為太太不做這種料理給先生吃的緣故。

這時期的女性，厭惡被家庭束縛人生，開始對象徵女性的味道敬而遠之，覺得下廚是討厭的事。對當時的年輕女性來說，跟母親同一個年代的田邊聖子就像婆婆，滿不在乎地教訓女性讀者。她說，如果想覓得金龜婿，一定要很會做他們懷念的媽媽味。

於是，外食、不下廚的女性便多了起來，首先引起社會大眾注意的是因為女性不和家人一同吃飯，因而被冷落的孩子。

孩子孤獨進食

一九八二年，NHK播出特別節目《孩子們的餐桌：為何一個人吃飯》，報導和父母、祖父母同住的小學生一個人吃飯的事實，讓觀眾大為吃驚。

這個時代的人，認為母親等於家庭主婦，以為全家人圍著餐桌吃飯是理所當然的事。女子營養大學足立己幸的研究室，與NHK共同進行飲食生活調查，他們表示接到許多反彈和詢問的信件，還有人乾脆直接到研究室。

NHK和足立關心的，包括獨自進食的孩子，孤伶伶的沒有談天對象，以及父母準備好擺著的餐點，往往非常貧乏。吃飯應該要在全家人齊聚談天之中進行，如果不能用愉快的心情進食，心靈甚至身體都無法完全獲得滿足。進行此項調查的人員認為，光是麵包和香蕉之類的簡單早餐，對正值發育期的孩子來說是不夠的。

但是現實生活中的父母忙於工作和家事，尤其早上很匆忙，沒辦法讓全家人齊聚餐桌。昭和後期，愈來愈多母親為了賺取孩子的教育費而外出工作，在學歷掛帥的社會，上高中是理所當然的事，就連上大學的孩子也變多了。孩子進了國高中後，把愈來愈多的時間花在社團活動和上補習班，住在郊外花一、兩小時通勤的父親比孩子早起，忙社團活動的哥哥姐姐，沒辦法跟讀小學的弟弟妹妹同時間吃飯，要去打工的母親，必須趕在早上把家事做完，有些退休的祖父母也住在一起，但生活步調卻跟大家不同。

最令觀眾震驚的是，孩子明明是在家吃早餐，家人卻都各忙各的。但是，以前家人就不是圍在餐桌一起用餐，有些父母一大早就下田工作，也有些是家裡開店，忙著做生意而輪流吃飯，但是這樣的家庭未必就不能全家人齊聚。

以前孩子也必須工作。全家總動員動手作家事，為家庭的事業忙碌，團聚是在全家勞動的時候。但是當人們出外工作，家裡的事情變輕鬆後，餐桌就成了一家團聚的地方，也正因為如此，家人不齊聚用餐的情況令人不安。

NHK提出的解決之道是把孩子叫到廚房。孩子能自己準備餐食的話，食物本身就能培養健康的身心，雖然稱不上是生活風格，但是希望努力解決營養不足的問題，不要因為孩子沒吃早餐，而在朝會上暈倒而成為社會問題。

《今日的料理》播出的那一年，兩度建議由孩子自己料理食物，一次是在五月號的特集，題目是「十五分完成的早餐」，NHK以「早晨是一天活動的開始，營養均衡的三餐從早餐做起」，一連四天播出該節目，前兩天介紹的是專為孩子設計的料理。

第一天介紹三種跟孩子一起準備的早餐菜單，第一是乳酪吐司、番茄汁、檸檬、生菜和小黃瓜、炸馬鈴薯的沙拉、溫泉蛋、當季水果。第二是加料吐司、黑麵包、牛奶、用前晚剩菜做成的小飯糰、當季水果。第三是白飯、山藥昆布味噌湯、鮭魚罐頭和青菜冷盤、薄片山藥、水煮豆子，以及市面販賣的漬物。這一天的刊物，在副標題是這麼介紹的：

讓小學生養成幫忙做早餐的習慣，既可以刺激食欲，又能讓他們熟悉作料理，請大家務必邀請這個年紀的孩子進廚房，只要照程序來，短時間也能作出豐盛的早餐。

第二天是「媽媽不在家的時候」，孩子自己準備的餐食。菜單的範例，包括以家用鐵板燒鍋具製作的吐司、香蕉牛奶、烤馬鈴薯、包心菜炒小香腸、荷包蛋。還有一個例子，是媽媽在前一晚先準備好的菜飯、馬鈴薯和海帶芽的味噌湯、油豆腐甜豆淋蛋汁、鱈魚子納豆、漬物。副標題是這麼寫的：

孩子長大後，出外工作的母親也多了起來，即使媽媽一大早就去上班，也希望孩子不要怕麻煩，好好吃頓飯——這是出外工作母親的願望。因此，希望媽媽花些功夫，讓孩子從吃飯當中感受到母親的愛。

身為職業婦女的媽媽，和孩子共度的時間有限，但還是每天早上親手作早餐給孩子吃，光就這件事來說，或許就讓孩子感到安心。

八月號以「暑假的兒童料理教室」為題，推出名師城戸崎愛的特集，第一天做飯糰，第二天蛋卷，第三天水果果凍，第四天咖哩飯。最後，她用以下的話鼓勵可能感到內疚的母親：

暑假是孩子體驗各種事物的最佳機會，孩子上了小學五年級後，家事課開始教作菜，正是開始對食物關心的時期，這時候重視孩子的自主性，培育豐富的創造力，不妨試著讓他們動手作菜。從菜單、烹調、盛盤，乃至餐桌擺放，讓孩子全權負責，他們也會興致勃勃發揮能力。

ＮＨＫ首先根據在外工作的父親不幫忙母親做家事的實際情況，提議幾種孩子可以做的料理。

以前的父母期待孩子幫忙工作，通過勞動來聯絡親子的感情，但是到了靠父親薪水就能養活一家子的時代，孩子受到照顧，遊玩和讀書成了他們的生活重心。孩子在家中的角色改變了，早在昭和後期就出現這種徵兆，其中之一是孩子作料理。只要生活能自理就能生存，因此最好要培養孩子自己做飯菜的能力，孩子必須自立自強的時間就提前了。

在這個時代，家庭主婦依然被視為主流，讓孩子作菜還是剛開始萌芽的想法，但是到了平成時期就愈來愈普遍，ＮＨＫ在一九九一（平成三）至二〇〇六（平成十八）年播送的長壽節目《一個人能做的事》，推出孩子作料理的新單元，此外親子烹飪教室和兒童烹飪教室也愈來愈多，學校也以飲食教育為名，熱中於教孩子作菜。

值得注意的是，昭和後期的主婦並不是都勤於製作道地的外國料理。

昭和後期，有九成國民自認屬於中產階級，乍看之下是個團結的時代，人人結婚生子，有一份安定的工作，但是實際的生活卻是另一回事。一方面，更多家庭主婦會在進口食品店採買食材，想學習可以在派對時端出來的宴客菜，但是職業婦女的人數也開始增加，雖然有些婦女出來工作是不想虛度人生，但更多女性是為了生活，或為了籌措子女的教育經費，而出外工作。

《橘頁》和《Hanako》

《美味大挑戰》登場

「外食」比家庭料理更大張旗鼓，朝「道地」的目標前進。所謂外食元年是指一九七〇（昭和四十五）年，那一年陸續開起了家庭餐廳、速食連鎖店，到八〇年代遍布全國。當人們習慣動不動就去上館子，嘴巴也愈來愈叼。

於是，被稱為「飽食時代」的美食時代開始。七〇年代後半，到國外進修回國的日本籍主廚紛紛開店，法國料理店的家數增加，此外不光是餃子、拉麵，各地也開起了擺設圓桌的道地中華料理餐廳。餐飲店增多，走到哪、吃到哪，成了一種休閒活動。特別引人矚目的是，這個時期陸續創刊的青少年漫畫雜誌。

其中具代表性的是，一九八三（昭和五十八）年起，在《Big Comic Spirits》連載至今的《美味大挑戰》，年輕讀者流行模仿書中人物的誇張語調和引經據典。

在此之前，一般人認為吃飯只是生活的一部分，講究吃的男性讓人看不起，只有池波正太郎和開高健等知識和經驗享有盛名的作家，才有權在媒體上對吃侃侃而談，而打破這個禁忌的就是《美味大挑戰》。

這本漫畫之後的全民美食熱，也催生了報導大量美食、以女性讀者取向的首都圈情報誌《Hanako》，或男性讀者取向的美食誌《dancyu》，甚至是架起大規模的廚房攝影棚，供大牌廚師比試過招的電視節目《料理的鐵人》。突然增加的美食情報，提高人們對吃的關心，每個人都在談吃，走到哪裡都在找美食吃美食，也因此到了二十一世紀，人們開始網購美食。

《美味大挑戰》的故事一開始，是東西新聞文化部的優秀新進記者栗田佑子，以及隨興不羈的員工山岡士郎，他們兩人負責為公司成立一百周年紀念，製作「最高級的菜單」，山岡因為怕麻煩，讓栗田非常焦急，但是他的味覺精確，知識又豐富，而且人脈廣。

這兩個人就像相聲二人組般一搭一唱，解決許多人對吃的問題，並揭開充斥在美食熱潮背後的不正當行為，以及崇尚名牌者的淺薄。

故事進行中，和山岡歧見甚深的父親海原雄山出場，故事的高潮是父子在帝都新聞舉辦「最高的菜單」中對決的情節，海原雄山經營的美食俱樂部，集所有正宗美食於一堂，本身也是陶藝家。

《美味大挑戰》受歡迎之處，也在於這對美食家父子之間，不忌憚他人眼光而彼此對立的趣味性。彼此對立的人物設定，或許也是能長期連載的理由之一。

山岡士郎受明治時期創業至今的料亭邀請，因而和父親海原雄山重逢，同桌的人「有點尷尬，但又有親情的溫暖，一方面有溫柔的親切感，但又有種神經緊繃的嚴肅」，一面吃鮪魚生魚片，同時你一言、我一語聊起哪一種魚最美味，海原雄山舉出宮古島的鮪魚，明石的鯛魚和金澤的杜父魚等首選的美味魚類，板著臉的山岡則說是鯖魚生魚片，海原雄山一聽，便得意洋洋大聲說道：

哇哈哈哈！這就是我說的，不懂得吃的豬跟猴子。

鯖魚生魚片，說這種蠢話也要有個分寸！

當著許多人的面痛罵兒子的海原雄山，大聲說要讓山岡嘗嘗味道。而山岡士郎則到葉山沖去釣魚，在栗田的幫助下，釣到夢幻的鯖魚。吃了鯖魚生魚片的大夥驚訝萬分。

這……這是多麼濃郁的鮮味啊！

無法用三言兩語形容，還有種深刻的味道，在舌頭上逐漸融化！

跟這比起來，之前吃到的鮪魚簡直是小巫見大巫！

這一切都恰到好處，多一分香氣則顯低級，多一點油脂就變得俗氣。

於是山岡揭開祕密，原來那些留在葉山而不游回去的鯖魚，跟一般鯖魚的味道完全不同，面子掛不住的海原雄山則是頭也不回便離席。

世界上有很多在地人才知道的美食。這部漫畫一方面發掘不為人知的美食，也提到大型業者在廉價日本酒中，混入大量劣質品的問題，以誇張的對立故事吸引讀者的同時，也用新聞報導的形式，將食物的相關訊息告訴讀者。此外，書中當然也教讀者分辨美食的訣竅，例如從炒飯好不好吃，就知道中華料理的廚師手藝，義大利麵的話，則是看培根蛋麵。

這部漫畫除了告訴讀者，在豐衣足食的社會中，飲食產業保護生命、支持工業、讓人享受生活，也讓讀者正視美食熱背後，被忽視的食安和包裝竄改等問題。人們對飲食的關心程度更深更廣，可說是拜這部漫畫所賜。

理想老公《妙廚老爹》

把過去視為禁忌的事搬上檯面後，接下來是對廚藝自信滿滿的男性，在漫畫中出現。《Big Comic Spirits》的對手《早晨週刊》（講談社），於一九八五（昭和六十）年起長篇連載《妙廚老爹》，就是這樣的故事。

主角是住在福岡市的上班族荒岩一味，他是祕而不宣的料理高手，因為當時對男子下廚有所顧忌。但是，把擅長料理這件事當作祕密，也有製造高潮的效果，因為當他變身成「英雄」的時候，不讓周圍的人看見。荒岩把偷偷做的料理給人們吃，幫助經營不善的餐飲店，雖然有他解決煩惱的單元，但不管怎麼說，都在描繪吃美食的幸福，發展出一個個溫馨的故事。《妙廚老爹》每一回都會介紹荒岩的料理食譜，像是他曾經蓋竈來烤肉，也做過博多風味的豚骨拉麵，和手擀麵皮做披薩等費工的料理，但也有白粥和鮪魚生魚片蓋飯等簡單的料理。

這部漫畫的溫馨之處，在於荒岩被設定成顧家的「煮夫」，他在地方上工作，從家裡騎小型機車上班只要五分鐘，因此當擔任新聞記者的老婆晚回家的時候，荒岩會放下工作回家做晚飯，跟小學二年級的兒子一起吃，再幫他洗澡。老婆回家後兩人換班，他回公司工作。有時候，荒岩會把工作帶回家，創造和家人共處的時間，老婆和朋友喝酒時，會早早就請客人回家。

荒岩不僅是理想的上司，也是愛家的好老公、好父親。荒岩做的是家常菜，因此將他設定成顧家男人，在美味方面就有其說服力。對家人用心，希望家人開心的男人所做的料理，會符合家人的狀況和期待，正因為是家人想吃的所以好吃。這種家常菜特有的魅力，充滿這部漫畫中。

《美味大挑戰》和《妙廚老爹》的共通點是，全職工作的婦女是書中的重要角色。她們的年紀相仿，已婚、有孩子，而且沒有辭去工作，這樣的角色設定，符合八〇年代的現實狀況。

一九七七（昭和五十二）年，歌頌女性經濟獨立的《牛角麵包》（雜誌屋）創刊，女性求職情報誌《工作》（トラバーユ）於一九八〇年創刊。七〇年代後半起，以女性顧客為主的流通業，開始聘用女性到企劃部門任職。石油危機發生，許多企業為了撙節經費，而將女性從正式職員改為兼職，但也有些企業賦予女性重任，希望借重她們的才能，使業績成長。一九八六（昭和六十一）年施行男女雇用均等法，於是至少名義上有更多企業，賦予女性與男性同等的就業機會和責任。

在邁向泡沫經濟的過熱景氣推動下，有些企業想嘗試新做法，此外相較男性被調職、加班，和假日上班弄得精疲力竭，有些企業想從充滿元氣和幹勁的女性身上獲得新的智慧，這是女性觀點備受讚賞的時代。

一九八八（昭和六十三）年《日經女性》創刊，同年創刊的新聞雜誌《AERA》，也漸漸關注職業婦女的議題。

單身的職業婦女當然比以前多，就連已婚的職業婦女也變多了，但是那些被老公叮嚀「不能影響家庭」的女性，或是認為主婦才是自己本份的女性，只能從事兼職等短時間的工作，若是擔任全職工作，就得犧牲睡眠時間為家人製作三餐，以當個完美的太太、母親。像荒岩一味這樣的男性，在現實生活中並不多見，為人妻的女性在獨自扛下家事和育兒責任的同時，也被要求充滿活力和男性並肩工作。男主外、女主內的觀念，是不會這麼簡單就改變的。

職業婦女的好朋友：小林勝代

料理研究家小林勝代，是第一代雙薪家庭的好朋友。七〇年代後半，小林投書給電視節目，開始在大阪的談話性節目中製作料理。她因為勇於嘗試和手法高明而受到歡迎，立刻成為熱門人物。

小林出生在中日戰爭剛開打的時候，喜愛美食的父親，在大阪船場經營甜點材料的批發生意，因而賺了不少錢，母親出身旗本之家，小林在這樣的家庭過著無憂無慮的生活，二十一歲時，和大她三歲的藥品系研究員結婚。剛結婚時，她把大量乾海帶芽倒進鍋子裡做味噌湯，多到海帶芽都溢出鍋子，當時對料理一無所知的小林，除了跟媽媽請教，也靠著自學廚藝而漸漸精進，一方面將料理當作科學，掌握基本原理並自由發揮想像力，作出屬於她特有的味道。

小林也上過《料理的鐵人》節目，以第一位擊敗中華料理鐵人陳建一的家庭主婦而受矚目，但她本人卻拒絕被冠上「主婦」之名。在接受《AERA》雜誌「現代的肖像」專訪時，她這麼回憶當年的事：

> 為了給人親切感，而表現一副「主婦」的樣子，是滿可笑的。如果我想藉由「主婦」來提高自己的身分，對非主婦和主婦豈不是都很失禮。況且這個節目之所以有趣，是因為這是

專業人士之間的對戰，因此對「鐵人」不也是失禮的一件事。

在專職家庭主婦為主流的時代，硬是選擇出外工作，進入男性為主的社會——小林的這段發言，充滿身為第一代雙薪家庭的自負。這樣的小林，在一九八〇年出版的食譜書《小林勝代的輕鬆簡單料理》，為讀者帶來衝擊，並引來反彈的聲浪。

這本書一開始，是看起來令人食指大動的咖啡色全雞，原本以為是用烤箱烤的，沒想到竟然是直接放進中式炒鍋，油炸半小時做成。在這之後，是一道道出奇簡單的料理，像是用番茄醬和牛排醬紅燒成茶色，乍看以為是燉牛肉，其實是燉豬肉。還有把配料先炒過，再混入白飯做成雞肉飯，以及肉丸子跟餛飩皮分別浮在湯裡的「各走各路的餛飩」，既有省錢料理，也有宴客菜。

小林的點子就像哥倫布豎蛋[6]般大膽，提出簡化製程的料理。

這個時代的人認為，主婦的工作就是每天花功夫作料理，家人喜歡但是做起來麻煩的料理，即使忙碌也要設法端上桌。小林勝代所要表達的原則以及對家人的愛，就是儘管製作時間縮短，依然保留家的味道。

小林勝代在這本書的後記，述說她從什麼都不會做開始，爾後成為在外工作的妻子和母親的感想：

我常把怕失敗掛在嘴上，無論是料理還是甜點，一旦失敗，我就會失望不已。當我告訴家人，晚餐的菜就只這些，把實在難以下嚥的料理端上桌，覺得真是丟臉。

因此，無論是料理還是甜點，盡可能不要失敗，今後我會繼續思考一些簡單就作出料理的方法，介紹給大家。

小林輕鬆作出的美味料理，獲得廣大讀者支持，因此在那之後大約四分之一世紀，她繼續在第一線活躍。獨子健太郎從小耳濡目染，長大後也成為料理研究家，在二〇〇〇年代打響名號，寫書、上電視，相當活躍。

《橘頁》的時代

經濟高度成長期的女性進入家庭，成為人們口中的主婦，有些女性因為成天閒來無事、

6　哥倫布發現新大陸，遭到貴族大臣忌妒，哥倫布問大家會不會把蛋豎起來，大家都不會，於是他在雞蛋上開了一個小洞，就把蛋豎起了，眾人說這有什麼了不起，哥倫布便回答，沒有人這麼做的時候，誰都不曉得可以這麼做，而當有人做的時候，大家都可以。

生活單調而出外工作，然而加以阻撓的，除了習慣茶來伸手、飯來張口的男人，還有看不慣媳婦或女兒在外活躍的年長女性。

昭和後期的主婦，作菜、洗衣、打掃，把家裡弄得井然有序，家人對此不以為意，認為家就該是這樣。有些專職主婦認為必須家事育兒一把罩，才能證明自己存在的價值，因此花了許多時間也在所不惜。另一方面，在家事上偷工減料，買熟菜充數的已婚婦女，則會遭到「懶惰」的批評，有了孩子還去工作的話，孩子會成為人們口中可憐的「鑰匙兒」。母親怠忽職守，沒有獲得充分關愛的孩子可能會步上歧途，校園暴力甚囂塵上。女兒行為不檢的父母所寫的告白《積木倒下》成為暢銷書，家庭被認為是子女變壞的原因，說穿了就是因為有棄家庭於不顧的主婦所造成。

料理不能偷工減料，但手作不等於把一大堆費工的料理排在餐桌上，除了一部分極度喜歡作菜的主婦，全年無休親手料理三餐且每天更換菜單，十年甚至二十年不間斷，這種風氣會成為沉重負擔。小林勝代替社會上一面倒的論調開了一個出口，其實她之所以大紅大紫，就是因為有一群對於每天親手作羹湯而疲憊的主婦給予支持的緣故。

在小林開始活躍的八〇年代，當時的婦女雜誌銷路愈來愈差，被稱為四大婦人綜合雜誌，有三種在八〇年代後半至九〇年代初陸續停刊。女性想要的是，像小林提出的那種不用花工夫就能作出美食的方法，職業婦女在家庭以外也有一片天，因此即使忙碌也能做的料理，比起家庭主婦做的料理更受歡迎。

一九八五年，人們夢寐以求的料理雜誌《橘頁》誕生，即使是四分之一世紀後的今日，銷路都有三十萬本，當時的Top Super和Daiei發行的雜誌，介紹許多用超市買來的食材做的料理，這些雜誌放在結帳櫃台邊，婦女購物時可以順便買一本。

據說，《橘頁》創刊的工作人員得知，很多主婦表示沒有她們想讀的雜誌，她們往往利用超市的宣傳單，作為食譜的資訊來源，因此宣傳單成為這本雜誌的靈感來源。

《橘頁》月刊的創刊號，標榜「區區賣兩百日圓不是用來賺錢，是想要吸引大家來買」，因為受到讀者的強力支持，出刊第四年的一九八八（昭和六十三）年，改成每月發行兩本。

《橘頁》的特點是，會為某種食材或某一道受歡迎的料理製作特集，提出各種各樣調味的變化，並且會用照片和文章，仔細說明有特殊祕訣的製作過程。

《橘頁》的出現，與其說是作為主婦的精神依靠，不如說是把生活情報誌，這種以實用料理為主要內容的雜誌擴大，從而為生活情報誌定調。一九八一（昭和五十六）年《ESSE》，一九八七（昭和六十二）年《Lettus Club》雜誌分別創刊，宛如婦女雜誌的新舊世代交替。

料理雜誌想拉攏的是，不喜歡作菜的人，還有想為一成不變的菜色帶來新意的人。新婚女性自不用說，雜誌也針對獨居者以及作菜做膩的中年主婦，提出料理的點子。

舉例來說，一九八八年三月號的《橘頁》，推出包心菜特集，內容是如何用新奇的做法，把包心菜、白蘿蔔、大白菜等大型蔬菜用完，由於是針對現實生活的煩惱提出解決之道，因此受到年輕世代的支持。

在這期雜誌的一開始，附了五張製作過程的相片，介紹如何把包心菜切成好吃的細絲，並且根據不同的烹調方式，將意想不到的食材和調味料加以組合，接著舉幾種生食包心菜的烹調方式：

包心菜＋蛤蜊，淋草莓醬汁
包心菜＋葡萄乾，淋法式沙拉醬
包心菜＋和芹菜，淋朝鮮薊醬汁
生包心菜的爽口泡菜
撕碎包心菜葉的溫熱沙拉[7]

醬汁是手作，不是買現成。重點是，雖然是沙拉，但也放入草莓或葡萄乾等等甜的零嘴。此外還有包心菜和白煮蛋焗烤、紅酒蒸包心菜和豬肉、包心菜和鯖魚罐頭用少許油炒過再加高湯煮，有的煮、有的燒烤、有的烝，變換各種做法，介紹多達二十八種包心菜的料理。

《橘頁》於一九八五年創刊，當年三十歲的主婦是一九五五（昭和三十）年生，二十五歲是一九六〇（昭和三十五）年生，在經濟高度成長期長大的她們，無論洋食還是中華料理都是家常便飯，廚房裡沒有太多新奇的事物。而且，主婦也很忙碌。

已婚的職業婦女，每天不是做一些費工的料理來展現廚藝，而是希望可以不用思考太多，用習慣的做法來變化，想在食材腐壞前巧妙地用光。《橘頁》發現，比較輕鬆的做法是改變調味料而不改變烹調方式，於是雜誌中陸續出現鹽味、中華風、味噌口味、鯷魚口味、韓國風、起司口味等各種調味方式，而主婦也靠著口味的變化來展現廚藝。

八〇年代中期開始的十年，以表現正宗外國料理風味的各種調味料，在市場上取得一席之地，像是中華料理的豆瓣醬和蠔油，韓國風味的苦椒醬、泡菜，薑黃、葛拉姆瑪莎拉（Garam Masala）製作異國料理的辛香料，歐洲風味的巴西利（Parsley）和迷迭香等香草，至於魚露和香菜，則和東南亞食材和調味料很搭。

7 溫熱沙拉，英文為 warm salad，是指沙拉中至少放入一種溫熱的食材，例如煮熟的肉類。

家常菜的口味變化愈來愈多，原因在於美食熱加上出國旅行的人增加，習慣外國口味的年齡層也更廣。這個世代的人認為，家常菜理應每天更換菜單，因為他們的嘴巴愈來愈刁，對變化的要求也愈來愈沒有上限。只要看看一九八八年的《橘頁》就知道，這場美食大戰的前哨戰已經開始。

《橘頁》四月號的雞肉特集，把重點放在調味的變化。「梅肉蒸雞」是用梅干、酒、麻油、醬油、砂糖、大蒜泥、生薑末調味，再裹上用太白粉做的芡汁蒸熟。「醬燒雞翅」是用蜂蜜、酒、紅味噌、砂糖等調勻後浸泡雞翅，放入烤箱烤。「芥末煸炒雞肉」是用芥末籽。添加各種素材，就作出令人眼睛一亮的口味。

這段時期在外食業界，出現創作料理和無國籍料理，這類餐廳將日式、洋式和中式口味與素材自由組合，作出原創的料理。

家常菜也是如此。全職主婦對外國料理的求知欲更強，不過是幾年前才開始的事情，但是習慣吃洋食的新世代主婦，卻有不同於前者的想法，後者認為即使製程簡單，只要使用道地的調味料，就能作出風味道地的料理，她們想把外食吃到的味道加以變化，作出屬於自己的料理，而料理雜誌提供了這類點子。

七月號的《橘頁》咖哩專刊，使用咖哩粉和咖哩塊，可見當時辛香料尚未普遍，但因為是特刊，因此登載的咖哩種類繁多，以下各種咖哩的變化，不是只把肉類換成雞肉、牛肉、豬肉。

首先，「二十分鐘做好的快速咖哩飯」。

製作快速料理的重點，在於將材料切薄片或切小塊，而且要用快熟的食材。「香腸馬鈴薯咖哩」的其他材料只有洋蔥和青豆，做咖哩時常用的紅蘿蔔因為不容易熟，所以不放入。「干貝和黃瓜咖哩」的食材為水煮干貝罐頭和黃瓜，也可以倒入牛奶、加點醬油提味，做成南瓜咖哩。

接著，「用市售的咖哩塊加點工夫，做成跟平常不同的咖哩飯」。標題：「用彩椒和番茄汁增添風味」，介紹的是「油炸茄子和獅子辣椒的彩椒風味咖哩」，此外還有「放入白蘿蔔泥的和風咖哩」和「章魚和香蕉的火辣咖哩」，對於只知道咖哩固定做法的人來說，全都難以想像。

開派對時的咖哩飯、用咖哩粉做的菜，最後是咖哩風味的下酒菜，總共介紹十七種咖哩料理，此外還有搭配咖哩的配菜食譜。

以主婦為目標讀者群的料理雜誌，從這時期起，經常用「只花二十分、十五分、三十分」作為標題，主婦是忙碌的一群，早上必須為不同時間出門的家人做早餐和便當，自己也得去上班，晚上還來不及卸妝就忙著做飯，為了餓肚子等著吃飯的家人，必須快手快腳把飯做好。

畢竟，做家事被視為主婦一人的責任，早上如果有時間陪孩子吃早餐，就會想利用這段時間洗衣服，或者先替當天的晚餐做準備。相較和家人聯絡感情，必須先把主婦的工作做好，否則就無法出外工作。

從這個時期開始，料理雜誌或節目經常以「節省時間」作為切入點，但這僅僅是因為職業婦女增加的緣故嗎？進入九〇年代後，料理媒體更是大喇喇的把「省時」掛在嘴上，首先是一九八八年的《橘頁》。

因為大受歡迎，於是這一年從十月起，《橘頁》改為一個月發刊兩次。該雜誌社的編輯部，或許是對《橘頁》成為生活情報誌的代表感到責任重大，因此在偏重發揮巧思作料理變化的特集中，就以人人都熟悉的和食為主題。順帶一提，當年一月和十二月都沒有發行年菜專刊。

一直幫讀者創造每天菜單的《橘頁》，在十一月十七日發行的和食特刊，題目是：「大家最愛吃的和風菜餚，阿嬤的味道」，特刊的副標題，鎖定一群認為和食進入門檻很高的讀者：

從阿嬤的年代就熟悉的菜餚，有著吃不膩的樸素味道而且熱呼呼的，真是吸引人。放入大量蔬菜後，營養大大升級。雖然從小就吃，但你可能不知道該怎麼做，試做後發現竟然不難。煮物、味噌湯、白飯，美味菜色一應俱全。

八〇年代的主婦很會改造料理，但似乎不知道怎麼製作古早味，更何況這是阿嬤的味道，不是媽媽的味道。對於開始閱讀生活情報誌的八〇年代主婦而言，「洋食」才是媽媽的味道。

這份特刊中，還介紹筑前煮、蕪菁和油豆腐燉煮、牛蒡絲炒紅蘿蔔絲、羊栖菜煮什錦、黃豆渣、蘿蔔乾、梅子煮沙丁魚、照燒鰤魚、菜飯、味噌湯、快速醃菜、豆腐涼拌什錦、涼拌珠蔥鳥蛤、醋醃章魚和小黃瓜、涼拌小松菜，全都是和食的固定菜色。

在經濟高度成長期，《今日的料理》發掘一群不會做年菜的主婦，進入昭和尾聲，《橘頁》發現一群不會做日本家常菜的主婦。這個世代的人，不僅不會做年節料理，就連平常吃的日本料理都不會。《橘頁》最引人注目的是，它預料讀者會有「看起來好難」的先入為主觀念，因此在說明的文字中強調料理的輕鬆簡單。

炒煮的標題是：「一下子就作出來的古早家常菜」，魚類料理是：「試做之下竟然很簡單」。味噌湯是：「高湯是決勝關鍵」。副標寫著：「阿嬤的味噌湯好喝，是因為熬了一鍋好高湯」。一九七〇年，味之素公司開始販售速溶的「烹大師」，一九八二年Marukome味噌開始販售加入高湯的味噌醬。由此可見，不熬高湯或是不懂得如何熬煮高湯，在當時已經是理所當然的事。

愛買熟菜的主婦

昭和後期，市面陸續出現綜合調味料，沙拉醬則是各種口味一應俱全，麵味露的銷量增加，市面上也出現麻婆豆腐醬等中華料理的綜合調味料。此外，在蠔油和辛香料普遍之前，市面上也陸續出現各種商品，讓消費者模仿在外食吃到的道地料理。

當然，也有消費者是貪圖方便而買。在任何時代，親手製作功夫菜的人畢竟是少數。在經濟高度成長期，費工料理的速成食品陸續問世而成為長銷品，昭和後期到處都買得到綜合調味料，讓消費者用同樣的程序和食材，作出新奇的口味。

這個時期也開始販賣具有加熱功能的家電，於是家家戶戶都有微波爐，只要預先把菜做好，就算媽媽工作晚歸，孩子也可以自己準備餐食，也因此孩子獨自吃飯的現象愈來愈普遍。一九八五年House販售微波美食，是最早推出用微波加熱的加工食品。

一九七四年便利商店進入日本，在八〇年代遍地開花。誕生於美國的便利商店之所以被日本人接受，關鍵在於販賣飯糰，關東煮也成為固定商品，並且賣速食味噌湯和便當。此外，外帶便當店也在同一時期出現在各處。

這是不作菜也能在家吃飯的時代。但是想要少花點力氣的主婦，卻遭到強烈責難。小林勝代在一九八二年出版的散文集《職業婦女的廚房》，提到百貨地下街的那一章，「熟菜賣場的利用法」，就知道當時流行什麼：

> 社會上對於在賣場買熟菜的女性瞠目結舌的人，我完全不會在意。近來，知名餐廳或飯館開設的高級熟菜店愈來愈多，讓人高興的是，許多店的價格都算合理，只要想想花費的工夫跟其他因素就不算貴。舉例來說，把知名店家的日式煎蛋卷買回家，只要再加上一點白蘿蔔泥，吃起來就不同了。

昭和後期的人常開玩笑說，把買來的熟菜移到盤子裡，就能代表主婦的真心。還有年輕主婦，雖然餐桌上買來的熟菜種類增加，但依然聲稱是親手料理，這些都遭到當時的人批判。必須強調親手製作、替自己找藉口，這是因為家庭主婦受到「必須親力親為」的龐大社會壓力。一旦結婚，家事就理所當然落到女性的手上，因此不敢肆無忌憚說出「作菜好麻煩」之類的話。

即使一身疲憊地下班回家，家人也只是看電視，無所事事地等著吃飯。即使如此，他們卻動輒抱怨菜的種類太少和缺乏變化。疲憊的主婦因為抱著獲准出外工作的內疚，於是就把手伸向了熟菜。

「親手作羹湯」的壓力變得更大，同時熟菜也愈來愈普遍——這種現象的背景，也正是世代交替的時候。

雖說每個時代皆然，但是對新趨勢提出批判的，往往都是中年以上的世代。他們一路看著每天花功夫作菜的妻子，或是站在沒有家電的廚房中，忙碌工作的妻子和母親，對這些人來說，站在廚房的母親或許就是令人懷念的景象。

當時的年輕主婦，出生於經濟高度成長期，母親是全職家庭主婦，每天為家人製作不同的料理，而在這種環境中成長的女性，也終於到了成家的年齡。

理所當然，吃著媽媽做的高麗菜卷和漢堡排長大的世代，如今也結婚了。做丈夫的，要求妻子像母親一樣照顧自己，而做妻子的，則認為自己應該像母親一樣，花功夫親手製作料理。

在這些女性當中，有不少人從小到大幾乎不幫忙做家事，並不是因為母親不在，也不是因為三餐不繼而根本談不上料理，是因為母親把廚房看成工作場所，不讓女兒進入。所以，她們既不具備家事的基本概念，也沒有主動幫忙的習慣。不光是小林勝代這種有錢人家的大小姐，愈來愈多在平民家庭長大的女性，沒有好好做家事就長大成人。

Hanako族的美食家

八〇年代後半，來到了經濟景氣的泡沫期。

泡沫時期流行各種很花錢的休閒活動，迪斯可、開時髦跑車去約會兜風、海上滑水和打網球、出國旅遊。日圓升值，出國旅行的年輕女性急速增加，專程為了血拚而出國的人也不少，為了買愛馬仕的圍巾、路易威登的皮包等名牌貨，紛紛前往香港、巴黎。理查・吉諾利（Richard Ginori）、Wedgewood的茶具組等名牌餐具，也大受歡迎。

然後是美食。所謂的美食熱已經快要十年，在經濟寬裕下長大的年輕人，想在耶誕節吃法國料理全餐，住在城市商旅中，來一次奢華的約會，據說城市商旅在十二月二十四日被約會的年輕人搶訂一空。

話雖如此，在現實生活中，學生或社會新鮮人能去的地方，與其說是法國餐廳，反倒是價位較低的義大利餐廳。年輕人把義大利餐稱為「義餐」，他們喜愛的義大利餐廳推出的提拉米蘇，更是連食品業者和家庭餐廳都爭相販賣的熱門商品。

愛吃美食並收集很多相關資訊的人，是那些本來就不把「談吃」當成禁忌的一群女性。

這個時代的職業婦女人數漸多，以往女性結婚前在娘家幫忙家事，如今則是到社會上就職，在男女雇用均等法的推波助瀾下，人手不足的企業便積極雇用女性成為正式員工，結婚年齡也開始延後。自由自在、最有錢有閒的，或許非女性莫屬。

激發女性消費欲望的是時尚雜誌、都會時尚連續劇，以及一九八八年創刊的首都圈情報雜誌《Hanako》，其影響力之大，甚至出現「Hanako族」和「Hanako世代」等流行語。

在這之前，年輕女性若想見識奢華排場，非得靠有錢的男人才行，無論是旅館的酒吧、高級餐廳，還是成熟男女為主的銀座等街道上的老店，都不是年輕女性消費得起的場所。但是在經濟泡沫期，愈來愈多女性擁有資訊和金錢，情況就不同了。

年輕女性在沒有男性陪同下進入高級餐廳，走進只有被尊稱為美食家的熟齡人士才知道的店。不只如此，連男性放鬆身心的居酒屋和定食店，女性都登堂入室。氣定神閒進入男性領域的女性被稱為「老子辣妹」（オヤジギャル），她們跟男性在同一個場所工作且被賦予責任，擁有滿滿的自負和豐厚的收入。

想花自己的錢，愛怎麼玩就怎麼玩，而提供情報給那些步履輕盈女性的是《Hanako》。一九八八年七月七日的《Hanako》，主題是：「終極的街道、銀座特集」。有關吃的標題如下：

「花很多時間吃飯店早餐，是身分的象徵」
「晚上也要談生意，所以女性也去體驗銀座的一流俱樂部或料亭」

八月十一和十八日合併出刊的是「六本木並不貴。五千日圓玩遍六本木特刊」：

「黃昏時分換個氣氛，時髦酒吧的小旅行」

「若想遠離六本木的喧囂，環境舒適又美味的和食店是不錯選擇」

「西麻布vs.麻木十番的燒肉店區，把挑嘴的粉絲一分為二」

《Hanako》對成年男女活動的街道瞭若指掌，但是也會去老街。一九八九（平成元）年二月二日的下町特刊如下：

「淺草，不管是不是帥哥，都會心向淺草的美食」

「人形町，這裡是東京的美食天堂，整條街都是拿手菜」

「谷中、根津、千駄木，被寺廟和斜坡包夾的文人街道，發現有格調的美食」

「上野，上野之森。人潮。經過時間的淬鍊，誕生一流的味覺和氣質」

在這之後，各媒體一再製作特刊，然而八〇年代的《Hanako》是第一個把這些無人不知的街道上，時髦的運動與質樸魅力告訴讀者的媒體。

東京人竟然不懂東京，平常僅止於在最近的轉乘站周邊活動，不去其他街道。但是，開始有能力花自己的錢遊玩的年輕女性，有著旺盛的好奇心，至於對東京這個大都會抱著夢想，從外地來到這裡的人，更想知道東京的一切。《Hanako》就像指南書，把因為太大而有很多不為人知的東京街道，告訴住在首都圈的人們。

充滿街道和購物情報的《Hanako》，多半都是百貨公司的相關報導，地下美食街更是反覆出現在雜誌中。

早在六月九日出刊的創刊第二號，就推出「百貨公司食材大賣場資訊全揭露」。提議用一流飯店的罐頭湯、松尾特製的甜點和名店的熟菜，做成全套的晚餐。

六月二十三日出刊的《Hanako》，就用了二〇〇〇年才成為固定用語的「百貨地下」這個名詞：

開心妝點一個人的餐桌吧。百貨地下。精選「一人份的調理包」

令專家憂心的一個人進食，在「Hanako族」的巧思之下，成為一個人生活才有的樂趣。

不光是百貨公司地下街，外帶熟菜的報導也很多。十一月二十四日出刊的《Hanako》，製作「談吃的時候不會傷腦筋，最新食材情報的進階版」特刊，推薦Fauchon、Troisgros、

Dalloyau、Hediard等法國高級店的熟菜，接著補上一篇「都會女性的美食必修課——學會活用都心四大食材專門店的美食菜單」。

老街的熟菜也不放過。一九八九年二月十六日出刊的《Hanako》，介紹「西小山，美食街，西小山本通商店街，是熟菜的天堂」。

《Hanako》為獨自在首都圈打拚的女性提供資訊，提議的飲食都是外食和熟菜，很少報導食譜，自創刊以來，一年只出現兩回。

雖說女性的就業機會增加，但是目前的企業幾乎都只雇用女性擔任輔助性的工作。第一批擔任業務工作的女性，周遭有一群男性瞪大眼睛看，想著：「女人的工作能力，能夠好到那裡呢？」為了獲得認同，只好比照男性一樣加班，交出比男性職員更好的成績。

工作結束後，拖著疲憊身軀回到空無一人的屋子，即使只是讓自己稍微放鬆，即使只是吃點美食都好，因為吃了美食後，會獲得些許療癒。獨居女性不同於已婚男性，沒有人來迎接自己，說著：「妳回來啦」。即將進入九〇年代之際，愈來愈常聽到「給辛苦的自己的慰勞」這句話。

同一時期，許多人開始買外面的東西回家吃，從此有了「中食」這個通稱。

《Hanako》的貢獻，在賦予不做飯的女性身為市民的權益，而不開伙做飯的單身女性開始普遍，最後連有家庭的女性也加入這股風潮。

專欄：進化的美食相片

一九七〇年創刊的《An An》之所以是劃時代，理由之一在於，這本雜誌是以彩色頁面為主的全凹版相片印刷雜誌。在料理的世界中，早一步的是一九六六年NHK以彩色播送的《今日的料理》，至於彩色版《今日的料理》雜誌則是一九六九年。

八〇年代初之前，凹版印刷在出版界還不是常態，照片是用來說明料理的成品、用什麼方式盛放在什麼器皿。製作過程的照片則是說明如何下刀、打到發泡的雞蛋會是什麼樣子等等。總之，就是說明無法用言表的部分。

庶民吃不起的外國料理或料亭，照片也是使人心生嚮往的重要工具。一張相片就將擺在名牌餐具上的全餐一覽無遺，特集主題的料理，分別盛放在大盤子裡展示給大家。已故的佐伯義勝，是開美食相片之先河的攝影師，他曾說：「以前只要有好的料理人、好的器皿和好的小工具，拍出的相片都會是得意之作。」（《日日》十三號，二〇〇八年九月）

一九八〇年閃光燈變得普及，用照片呈現瞬間影像成為可能，以前燈光的熱度會把料理烘乾，只好塗上油或酒來製造光澤，現在不這麼做也能拍出好照片，連倒紅酒的瞬間都能捕捉。八〇年代被稱為「一億總中流」的時代[8]，也是全民均富的時代，從這時期開始，美食照片呈現多種樣貌。

《牛角麵包》雜誌的相片，會先把器皿的邊切掉，或是替熟菜食譜拍攝特寫，從此成為常見的手法。八〇年代前半，從這本雜誌的助理入行美食攝影家的今清水隆宏說：「我想讓人近看，使他們光是看到這一道菜，就想去好吃的店。因此，我不採取傳統的Ａ４紙張大小，而是以左右對開的頁面，來拍攝米粒比實物更大顆的米飯照片，在當時真的很新奇。」

在美食熱的背景下，於一九九〇年創刊的《dancyu》雜誌，會從吃東西的瞬間取景拍照。他們不用大型相機，而以三十五毫米相機靠近被拍攝的物體，把拉麵的麵提起來再調焦距，畫面不美的背景就模糊化，這是美食雜誌固定採取的風格。

七〇年代末的相片，開始活用室外或窗外的自然光，並且和空間的氛圍一起呈現，二〇〇三年創刊的生活雜誌《ku: nel》和《天然生活》，因為風格洗鍊而受讀者歡迎。

派翠絲．朱利安（Patrice Julien），以及住在巴黎的上野萬梨子，這些走歐洲風的料理研究家所出版的書，也使用從正上方或斜上方拍攝的藝術性攝影技法。

美食照片宛如記號，把想要傳達的世界表現出來。二〇一〇年代的食譜書，將相機稍微拉遠，把焦點擺在整個器皿上吸引人的目光，照片中的料理，不再煽動人的嚮往和欲望。現今的時代，不強迫讀者接受，而是由他們自己選擇。

---

8 是指當時日本人口約一億，日本大多數國民具中產階級意識。

第三章

家庭料理泡沫的崩壞

——一九九〇年代

職業婦女就不擅作菜嗎？

平成二年起的九〇年代十年間，結束了漫長的昭和時期。社會的劇變，也對人們的飲食造成影響。

昭和已遠的餐桌

一九九一（平成三）年，泡沫經濟崩潰，金融機構抱著高額的不良債權，一九九七（平成九）年山一證券破產，北海道拓殖銀行陷入經營危機，一九九五（平成七）年的阪神淡路大震災，震壞了象徵昭和繁榮的新幹線和高速公路的橋墩，讓人見識到都市的不堪一擊。

經濟不景氣直接打擊企業，首當其衝的是就業。戰後為了達到全民均富而建立的終身雇用制，以及按年齡和年資給予加薪和升遷的做法，被認為會削弱國際競爭力，而成為重新檢討的目標。前輩栽培後輩，共同解決問題，這樣一團和氣的職場已經成為過去式，中高齡害怕遭到資遣，年輕人則是謀職困難而疲於奔命。

為了躋身大國之林，對服裝打扮毫不在意的人們努力工作，因而造就了昭和時期。日本戰敗而結束的第二次世界大戰，也是在標舉大東亞共榮圈的理念下，為了讓世界承認日本為世界強國，而做的嘗試。

在此之前以及之後，日本靠著經濟和歐美並駕齊驅，得以持續成功。在不斷近代化之下成長茁壯的企業，採取大量生產的做法，生產量大，成本就下降，效率提高，成本就更低廉。昭和時期，豐田、國際牌和佳能等製造業者，就是以這種方式成長為世界級的大企業，並在許多中小企業的支持下，使消費者的生活更充實。

「企業」這種有效率的組織系統變得普遍，改變了社會結構和人的生活方式，當然也影響飲食習慣。昭和時期的人，在平常也會請客人到家裡吃飯，因為當時的人和人之間，會到彼此的家去拜訪。

在每個村落共同體會舉行祭典的時代，人與人的牽絆是以錯綜複雜的利害關係結合而成，在機械減少勞力的付出之前，生產任何東西都需要人手，無論是種田、收割還是捕魚，都要互相幫助，全家團結起來做東西來賣，一起到都市，互相扶持。年輕人寄宿在親戚家，結婚對象由認識的人介紹，有了孩子後，親戚會來替母親分憂解勞，孩子也可以臨時到附近的鄰居家搭伙，就這麼長大成人。

這種地緣和血緣的網絡，到了昭和後半開始鬆動。

從外地到東京工作的人們住在郊區，那裡沒有舉辦地區性的祭典。由於在東京都的中心工作，生活和工作混為一體，這樣的人際交往，無法發展成一輩子的好朋友。

即使如此，直到昭和中期為止，父親還是會把客戶或後輩帶回家，孩子把朋友帶回家，家人之間會了解彼此的交友狀況。透過家人，接觸到以前所不知道的世界，產生新的人際關係，而接待的場所就是餐桌。

進入七〇年代，加工食品以外的食物，也普遍採取大量生產的做法。首先是採集中式的前置作業，許多外食業者的店鋪一律採用相同菜單，國民所得提高助長餐飲業發達，連鎖業者以外的餐飲店家數也有增無減。當外食變得方便，於是父親請客、哥哥姐姐跟朋友聊天，也都改在外頭進行。妹妹嫁給哥哥朋友之類的事情也變少了。

接著普遍的是，買回家吃的外帶產業。便利商店或外帶便當的料理，是由工廠的機器製作，即使用手處理也是用機器彙整後再做，很有效率。

昭和時期外食或外帶業發達，導致有個不被注意的地方出現崩壞，那就是家庭料理。

一九九〇年，外食和外帶的所謂飲食外部化超過四成，三成的人每天有一餐外食，四成多的人是晚餐也在外解決，或隨便買個東西回家吃就算是一餐。

企業社會化的趨勢也對家庭產生影響。經濟高度成長期間，舉凡家電、流理台和超市，讓餐桌變得豐盛，等到經濟不景氣，主婦變得忙碌，為了維持和之前一樣豐盛的餐桌，就有愈來愈多人經常買現成的料理回家。這也是業者因為預見雙薪家庭時代到來，而賣起方便的加工食品或熟菜的緣故。

企業界開始動起餐桌的腦筋還有一個理由，那就是人們愈來愈講求口味的變化。

經濟高度成長期，家庭料理愈來愈多樣化，菜色豐富且每日更換，成為理所當然的事。外食經驗一多，嘴巴自然變刁，也把家庭料理的門檻不斷往上提，於是廚房常備的食材種類變多，到頭來要求的口味水準，令主婦難以招架。

外食業者讓人們即使不在家吃也可以輕鬆填飽肚子，各色各樣的熟菜看似誘人地陳列在店面，習慣購物和忙碌的人們，或許就禁不起省事的誘惑，於是家庭料理的泡沫，就比經濟早一步破滅了。

百貨地下街和ＲＦ１的沙拉

昭和時代，在外賺錢是丈夫的責任，男人把家交給妻子，沒日沒夜為工作打拚。到了平成時期，女性出外工作成為常態，如何擠出做家事和育兒的時間，就成為一大問題。育兒方面不是托兒所就是娘家，但如果是住在外地，就無法同時獲得兩者的幫助。至於家事則是請外人幫忙，特別是每天不可或缺的「吃飯」。

平成時期，外帶產業不斷擴大，背後的支持者是在外工作的主婦。她們在都市中心的辦公室工作，加完班來到最近的車站時，超市和蔬果店已經打烊，因此她們會前往百貨公司地下街的食材賣場，採購晚餐的材料。

當時在百貨地下街最醒目的地方陸續開起的RF1，是以白色的柱子或牆上紅、藍、綠的標誌，讓人一眼就看到的洋式熟菜店。

RF1的熱門商品要屬堆得滿滿一盤，五顏六色的沙拉，裡面放了紅紅綠綠的葉菜、南瓜、羊栖菜、根莖類，以及紅肉或魚貝類，新穎的組合改變人們對沙拉的刻板印象。

使用多種食材、口味豐富的沙拉不是當作配菜，本身就是一道料理。在家裡要湊齊很多種食材而且每種只用一點，是很困難的事。RF1也有專門補充養分的沙拉，一九八五（昭和六十）年，社會上發起一項運動，主張每人每天應該攝取厚生省公布的三十種食物，才算是均衡的良好飲食，從此主婦在思考菜單時，滿腦子想的盡是每天要攝取三十種食材。

經營RF1的企業為洛克菲爾德（Rock Field），這家公司過去是在百貨公司食品賣場，賣烤牛肉、煙燻鮭魚等過年過節會買來自用或贈送的美食。

社長岩田弘三生於一九四〇（昭和十五）年，他起先在神戶經營餐廳，一九七〇年前往歐美觀摩外食產業，把腦筋動到販賣前菜等熟菜的熟食業。一九七二（昭和四十七）年，他在大丸百貨神戶店開第一家店，之後在各地的百貨公司開設煙燻鮭魚，和手製火腿等高級熟菜店的店鋪。

轉而經營家常菜的關鍵，在於泡沫時期高價商品賣得飛快，岩田社長思索這樣的榮景應該無法繼續，於是一九八九（平成元）年開始販賣神戶可樂餅，以講究產地以及現炸為賣點。在冷凍食品的全盛期，熱呼呼的可樂餅賣得很成功，於是他一腳踏進百貨公司地下街的熟菜生意。

一九九二（平成四）年，西式熟菜一律用ＲＦ１為品牌，這時候人數開始增加的職業婦女可以理直氣壯選購的是，在家裡做不出來的沙拉。這些沙拉為了引起食欲，便高高的堆在盤子裡各種食材的配色和質感，令人不注意也難。料理變得跟洋服一樣，要經過造型才賣得好。

洛克菲爾德的商品最大的賣點，在於食材一清二楚，而且是親手製作。神戶可樂餅的馬鈴薯，是直接向北海道的簽約農家進貨，ＲＦ１的蔬果也是由員工親手削皮，沙拉醬和美乃滋不使用防腐劑。因為好吃，所以銷路不斷。

受到ＲＦ１業績長紅的誘惑，沒多久就出現競爭對手，其中最具代表性的是柿安餐飲。這家公司原本是在三重縣販售牛肉「時雨煮」的精肉和熟菜業者，一九九八（平成十）年在千葉崇光百貨開設第一家店，以醒目的方式呈現料理，顯示來勢洶洶。

二〇〇〇（平成十二）年，直通澀谷車站的東急東橫店食品賣場進行大改裝，增設當時流行的越南料理生春卷等店家，令熟菜賣場的內容更豐富，以東急食品展之姿對外營業，從此以後《Hanako》取名的「百貨地下」成為家喻戶曉的名詞。

到了二〇〇〇年代，百貨地下的熱潮、企業爭霸戰，以及業界和媒體喚起的人氣，主戰場移到西式點心等甜點賣場。這時候，熟菜已經在百貨地下成為不可或缺的存在。

《料理的鐵人》革命

百貨地下的甜點受歡迎，是因為散布在各街道上的知名西式甜點業者，受百貨公司採購的請求而陸續開店。在這波甜點熱潮之前，是知名餐廳大廚的熱潮，九〇年代後半，百貨地下成為流行的發源地，冠上知名大廚名號的店家一一出現。

這群料理師傅會成為矚目焦點，關鍵在於電視綜藝節目。

富士電視台旗下的《料理的鐵人》，於一九九三（平成五）年開播，一九九九（平成十）年收播，這個節目對日本的料理文化產生莫大影響，或許也可以以此節目為分界點。八〇年代起連載的漫畫《美味大挑戰》，以全日本一億人的美食社會為出發點，然而以觀眾百萬人為單位的電視節目，影響力更是壓倒性的大。

《料理的鐵人》請來一流主廚和知名美食家，培養一種從娛樂角度觀看飲食的文化。節目中充滿跟食材和料理有關的知識，也造就更多講究吃的人。

二〇〇〇年代，傍晚的新聞充斥美食報導，戲劇節目也以料理為題材，從飲食發展情節的戲劇、漫畫和小說突然多了起來，而這些進展要從《料理的鐵人》開始。

這個節目是由鹿賀丈史扮演的美食學院校長主持的料理決戰為主軸，每一個單元會有被稱為「鐵人」的日本料理、法國、中華、義大利料理等等一流廚師，接受專業料理人的挑戰。節目以說故事的方式介紹挑戰者的經歷後，接著挑戰者登場，指名向哪一位鐵人下戰帖。和食料理人可以跨類別，指名向法國料理的廚師挑戰，使用推到面前的主食食材，在限時一小時內製作出多道料理的全餐，以此來較量廚藝。

被選中的主食食材，從鵝肝醬、河豚、松露、鯛魚等高級食材，乃至白蘿蔔、包心菜、香蕉等平易近人的都包括在內，料理研究家小林勝代挑戰的鐵人，是將麻婆豆腐介紹給日本的陳建民之子陳建一，當時的主食食材為馬鈴薯。

作出來的料理，要接受美食記者、美食藝人、料理評論家的審查決定勝負，鐵人也可能戰敗。

這個節目前所未見之處，在於把被視為幕後人物的料理人拉到幕前，現場實況轉播料理的製作過程，給人另類格鬥技藝對決的印象。

富士電視台的播報員福井謙二報導激烈戰況，並且由服部營養專門學校的校長服部幸應解說。在近距離的拍攝下，被冠上「操作日本最長菜刀，料理界的佐佐木小次郎」綽號的米良隆，將長長的菜刀像刀子般操作自如。

在此之前的料理節目，是在觀眾可以學著做的前提下，照順序一步步來。《料理的鐵人》省去一一介紹製作步驟，以精熟的菜刀運用技術，大膽豪放的用火方式等專業技巧，讓觀眾發現其中的趣味。

《料理的鐵人》具有讓技術發揮的所有條件，無論是瓦斯、自來水，都為了這個節目而拉管線到攝影棚。菜刀也可以在節目進行到半途帶進來，食材的挑選則不計成本。六年間花費的費用，竟高達八億四三三五萬四四〇七日圓。

鐵人打仗的廚房攝影棚也相當引人注目。亮晶晶的調理器具，各種食材並排的圓形廚房，據說是以倫敦哈洛德百貨店的食品賣場為範本打造的。

節目刻意以鋪張的方式製作。鹿賀丈史一開始解說的台詞：「如果我記得沒錯」，很有那個時代特有的風格。鐵人們有如漫畫人物般，身穿花俏的服裝，義大利的料理鐵人神戶勝彥，頭上戴著有三色旗的高帽子。

參與該節目的富士電視台石原隆，在接受《料理的鐵人大全》訪談時表示：「這個節目是以戲謔的方式，模仿米其林等既有的權威料理。」

該書一開始的企劃動機，與上述發言相呼應：

這個美食學院的用意，是建立在一個信念上，那就是「所謂料理並不是愛情，而是技術和藝術」。

昭和中期，媒體談到家庭料理時，會一再使用「料理就是愛情」這句話。媒體告訴那些對廚藝沒把握的新手主婦，充滿愛情的料理等於費工製作的料理，而《料理的鐵人》則是第一個，針對昭和時代甚囂塵上的愛情傳說提出異議。

專業人士對戰的節目，沒有必要破壞家庭料理的愛情神話，但是從八〇年代起，《橘頁》率先在家常菜的領域中，用洗鍊的形式，大膽推廣食材的各種搭配方式，原因在於《料理的鐵人》將食材以出奇不意的方式組合作出美味料理，因此獲得好評的緣故。

舉例來說，中鮪[1]淋上巧克力醬、香魚和西瓜做成慕斯、芒果口味的烤鴨、用味噌和起司調味的起司豪華火鍋。

第一代的和食鐵人，是「銀座六三亭」的老闆兼主廚道場六三郎，成功作出許多出人意表的料理。道場一直跨種類和其他料理人交流，以日本料理界的異議份子自居。

一九九三年十月十七日的第二集，以鵝肝醬為主要食材，道場作出鵝肝醬版本的柑橘醋淋肝臟，把嫩煎鵝肝和比目魚薄片、白菜芯和細蔥絲擺在盤子上，淋上用柑橘醋、味醂、紅酒醋、白蘿蔔泥、紅葉蘿蔔泥[2]、薑汁混合而成的調味料。

1　指鮪魚的背部和腹部。
2　將紅辣椒去籽和白蘿蔔一起磨成泥，成為帶有紅色的蘿蔔泥。

審查員認為，這道菜技高一籌，判定鐵人獲勝。

《料理的鐵人》使街頭巷尾多了一些跨領域組合的餐飲業者，連家庭料理也普遍這麼做。食材的知識變得普及，即使是服部幸應曾說：「連專業料理人也不大知道」的紅酒醋，也陳列在超市貨架上，促使蠔油等外國料理調味料進入一般家庭。

一開始是帶有戲謔成分的節目，最終在料理界成為受矚目的權威，鐵人開的店當然是高朋滿座，就連挑戰者的店也都匯聚不少人氣，並且出現一些以較量或精進廚藝為目的，而上電視的料理人，電視圈中最具權威的艾美獎，曾兩度提名《料理的鐵人》，國外也製作出類似節目，於是料理決戰的綜藝節目類別，就這麼產生了。

槙村悟描繪的餐桌

九〇年代，家庭的廚房開始改變。改變最大的，在於結婚不久的新世代女性，漸漸不以廚房為生活重心。主婦們積極向外發展，導致主婦雜誌被逼得只有停刊一途。一九九六（平成八）年以來，雙薪家庭中的職業婦女變多，專職家庭主婦反成了少數。

女性參與社會受到矚目的二十年，男女雇用機會均等法施行十年，繼續在職場奮鬥的女性，開始被任命從事各種管理工作。

八〇年代雙薪家庭的主婦，被認為必須家事、工作、育兒一手包辦，是因為女性的社會地位低，不被當成獨當一面的專業人士。已婚女性無論是打工還是全職工作，出外工作的條件是不能影響做家事。

但是，均等法世代助長出外工作的風氣，一旦早先進公司的女性開始擔任管理職，女性社長開始展露頭角，周遭的眼光也漸漸不同。許多太太和先生領相同甚至更多薪水，這下子就不能對她們說：「只要不影響做家事，出外工作也無妨」之類的話。不只如此，九〇年代後，女性也被容許不做家事。

一九九四（平成六）年至九九（平成十一）年，槙村悟的《世紀愛情夢幻》在以年輕女性取向的少女漫畫雜誌《Chorus》連載。七〇年代起就在第一線活躍的槙村，陸續出版《美味的關係》和《時尚女王》，描繪職業婦女的少女漫畫。

主角是二十出頭，在不動產公司上班的飯島有羽，她泡的茶被人人稱讚，做事乾淨俐落，而且燒得一手好菜。有羽和四十三歲的母親美津子同住，美津子是一級建築師也是社長，是經常上電視和雜誌的能幹美女，但對家事卻一竅不通。

職場上叱吒風雲，在電視上直言：「我要當著各位太太的面，提出嚴厲的意見……」一回到家就變成小孩似的，向有羽撒嬌：

「我『肥』來囉……」

「回來啦！要吃飯、洗澡、工作，還是喝酒？」

「喵嗚！」

「我知道啦，要吃飯是吧，今天是鹽烤鯆魚。」

「嗚哇！」美津子說著，便把衣服脫得到處都是。接著端起熱騰騰的湯。

「有羽醬真是料理高手捏」，露出輕鬆的神情。接著又說：

「媽媽呀，今天遇到一個不錯的男人呦。那個人好像也很會作菜，媽媽要不要也來跟有羽醬學作菜啊。」

美津子是個戀愛不斷的女人，進入四十歲的圓熟期，無論在吸引男人或是性技巧都得心應手。相對而言，有羽還是處女，她照顧母親的起居，在職場上擔任營業人員的後盾，每天過著欣喜滿足的生活，對自己還不大了解。

有羽的成長故事，也是對戀愛和工作逐漸產生自覺的過程。這本漫畫同時敘述母親和女兒各自因為戀愛所引發的爭端，因此也可以把主角看成是兩人。

美津子邂逅的愛人，是電視台導播本能寺俊彥，他獨居、很會作菜，他對評論廚房的美津子說：「最近想請妳來看看我家的廚房，」又說：「打電話給我。我想請妳吃西班牙海鮮燉飯。」當然，人長得也很英俊。

冷淡以對的美津子很快便接受邀請，進而和俊彥交往，美津子用家裡的烤箱學俊彥做海鮮燉飯，結果不但烤焦，還釀成小火災。

有羽的戀情則是進展緩慢，從仙台分公司調來的營業員田中洋平給人的溫暖感覺，深深吸引有羽，於是兩人一起用餐，周末看電影，當洋平問待會要做什麼時，有羽回答：「並沒有特別的計畫。」其實她早就準備了便當。之後有羽被責備，應該直接告訴洋平自己想做什麼，這才恍然大悟。

這對截然不同的母女，晚上會一起飲酒暢談，有羽也會把戀愛的疑難雜症提出來討論，她和洋平愈來愈親近，也有過肌膚之親，美津子不在家的時候，有羽會帶洋平到家裡共進晚餐。但是，洋平被調回仙台分公司，這下子兩人變成了遠距離戀愛，而洋平的青梅竹馬「影」，也開始時不時出現。

俊彥是個花心大蘿蔔，美津子得知他和多名女性仍有關係，於是要求他與其他女性一刀兩斷，兩人的關係漸趨穩定，不久美津子懷孕。

母女的情節各自發展之際，家事全部由有羽包辦，美津子繼續像個小孩子般耍賴，就連美津子的孩子生下來後由誰照顧，也都暗中策劃要交給有羽。只不過流產了。經過一段迂迴曲折的過程，美津子和俊彥決定結婚。

不久，有羽為了追隨洋平而請調到仙台，結果卻是失戀一場。為了安慰回到家裡的女兒，美津子於是用 Le Creuset 鑄鐵鍋，做了一道簡單的「迷迭香煮羊肉」，當她公布做法：「羊肉和馬鈴薯一層層鋪排煮熟就好了！」令有羽大吃一驚，這是有羽不在家時，美津子不得已從俊彥那裡學會的，可見母親也開始努力，成為一個愛家的人。

廚藝高明的有羽應該會是個賢內助，但到頭來卻落得失戀下場，反倒是不會作菜的媽媽，卻是情場得意。在這時代，受歡迎的是在職場上發光發熱的女性，而不是乖乖女，對時代脈動敏感的漫畫家所描繪的故事，說明昭和時代的女性已經不再吃香。

篠田節子的職業婦女媽媽

女性雜誌連載的漫畫，努力守住讓職業婦女懂得作菜，以及「好女人等於會作菜的女人」的既定形式。但是，以男性讀者為主的週刊所刊載的小說，從頭到尾都在描述不懂得作菜的女性。

篠田節子的作品《百年之戀》，於一九九九至二〇〇〇（平成十二）年，在《週刊朝日》連載。二〇〇三年拍成連續劇在深夜檔播出，由筒井道隆和川原亞矢子主演。

故事一開始，三十歲的岸田真一是從事科學報導，和科幻小說翻譯的自由業者，他訪談三十三歲的大林梨香子，這位頂著ＭＢＡ學位，才幹獲得賞識，在一流的信託銀行國際商業開發部工作。

相貌平平、立志成為小說家的真一收入微薄。但是不知為何，竟被能幹又美貌的梨香子看上，兩人很快就開始約會。才約會第二次，梨香子就表示想去真一的家。

梨香子說她會烤磅蛋糕帶過去，真一吃著蛋糕，心想梨香子的手藝真好，還是處男的他，當場和梨香子上床並且求婚。「真一打從心底相信，如果有愛，心、身和戶口都必須在一起。」梨香子很爽快地答應了。

決定和梨香子結婚後，真一才知道兩人的世界天差地別。每年出差多達十六次，平常也經常加班的梨香子，畢業於東京大學的理學系，朋友全都是能力很強的菁英企業人，相對而言，真一在作家朋友之中，被人用阿宅和真一結合，取了「阿宅真」的渾名，甚至被戲謔為「三低」。梨香子的年收入是真一的四倍。

梨香子忙於事業，婚禮的籌備工作由真一獨自進行。新婚旅行結束回家，打算做第一頓飯的橋段，梨香子的話讓人耿耿於懷：

「怎麼了？」梨香子盯著真一的手邊說。

「沒有砧板。」

「買一個不就得了，前面的超商。」梨香子若無其事地說。

「超商？」真一問：「超商有賣砧板嗎？」

「不是有賣嗎？什麼都有賣啊。」

她是不是不喜歡做家事呢，真一的擔心沒多久就成真。開始生活後，真一才知道梨香子連用電鍋蒸飯都不會。

而且不洗碗盤。真一出差不在家的一個禮拜，梨香子懶得把茶壺裡的茶葉扔掉，而擺到發霉。

真一忍無可忍，這時卻得知梨香子懷孕，於是沒有說出「離婚」這兩字，繼續過著新婚生活。梨香子經常在家裡發洩工作壓力，真一目瞪口呆也只能接受，就這麼吞聲忍氣，每天家事、工作兩頭忙。

梨香子和住在和歌山的母親意見不合。母親告誡梨香子，既然懷孕就少做點工作，梨香子氣得摔壞電話：

媽跟我是活在不同世界的人，我想搬出去住的時候，她也是大力反對，說什麼女孩子一個人住簡直不像話，她不曉得二十多歲的女兒還賴著父母有多不正常，如果不是永遠把小孩綁在身邊，她就沒辦法維持母親的身分。懂嗎？這就是專職家庭主婦的下場。

即使你一個人生活，但你既不獨立，也不自立。

就這件事來說，真一認同梨香子的母親，甚至考慮聽岳母的話，罵罵她的女兒。現實上，即使是真一在做家事，但是女性操持家務這種先入為主的觀念，依然占據真一的腦袋，只是笨拙的他，沒能說出來。

在真一煩惱時伸出援手的是，一直以來嘲弄他的同業，這位攝影師以婚姻的前輩之姿開導他，至於女性作家和編輯，則是幫真一買嬰兒用品和打掃家裡，重新認識真一是個會幫忙做家事的老公，也導正她們對女性的偏見。職業婦女難以抗拒會做家事的男人，另一方面，梨香子身在清一色男性的企業中，周遭盡是敵人，她對著唯一能放下戒備的真一撒嬌，排解壓力。

不久孩子生下來了，梨香子的母親來訪。她數落梨香子說：就算工作能力強，人長得漂亮，不會做家事和帶孩子的女人就是不行，真一第一次跟妻子站在同一陣線，不假思索反駁：「世上沒有完人，如果最親近的人一直要求自己作出違背個性的事，實在太可憐了。」

整天帶孩子的梨香子接到公司的電話，於是結束了育嬰假，回去職場打拚。真一對於被器重的妻子尊敬有加，下班回家的梨香子總是要發一陣子牢騷，真一隨便敷衍幾句，對梨香子說：「冰箱裡有燉煮，味噌湯在爐子上。」梨香子打開冰箱，對材料嫌了幾句，真一只覺得氣力盡失。

故事在三人的生活方式逐漸形成時結束。

昭和時代最先提出「煮飯的爸爸」是男性雜誌，描述在做家事、育兒，和工作上都完美勝任的丈夫，給予讀者新的觀念。到了平成時期，週刊連載的小說中，那些做家事、帶小孩的男性成為真實的存在，他們抱著對女性的偏見和自己的夢想，卻與現實衝突，經過彼此妥協而成長，儘管自己還是貼近男性的自覺，卻想嘗試改變。

昭和後期，小說、漫畫教訓讀者，向外發展、開始改變的女性，應該保有古老的價值觀，但是在世代交替的平成時期，媒體開始描繪一些認同職業婦女的故事，新世代有了志同道合的夥伴，朝向永無止盡的改變邁進。

《好太太》的廚房

九〇年代，能力強的女性可以不必做家事，即使生孩子也還是能繼續工作，但是大部分的女性一如往常，必須在工作和結婚，工作和孩子之間擇一，進入家庭生活。出社會前和男性並肩讀書、在男女平等的觀念下長大的女性，在家事和育兒為主的主婦生活中，總覺得少了什麼。

一九九二（平成四）年，平松愛理的歌曲《房子、白襯衫和我》大受歡迎，她採訪專職主婦的朋友們寫成歌詞，真實而有些微恐怖[3]：「為了你，每天把房子、白襯衫和我自己弄得光鮮亮麗，讓你心情愉快地生活。」這樣的歌詞，被稱為女性版的「關白宣言」。帶著主婦以外的面貌，高調宣示為自己而活的新世代即將到來。從這帶有自戀意味的歌詞，看出女性與其把專職主婦當作自己的本份，不如說只是扮演的角色。

昭和時代，主婦要做什麼通常要經過丈夫允許，必須把主婦的職責放在第一位。在殘存著昭和遺緒的時代中，成為主婦的二、三十歲女性，從小被捧在掌心上，由於抱著遊戲的心態，想要從有很多非明文規矩的主婦身分中找尋樂子，而在前頭打頭陣的新的主婦雜誌，在九〇年代大受歡迎，其中包括主婦與生活雜誌社，於一九九〇年創刊的《好太太》（すてきな奥さん）。

這一年，二十五歲的女性是一九六五（昭和四十）年生，三十歲的女性為一九六〇（昭和三十五）年生，六〇年代出生的主婦，從小是在有電視機、冰箱，和有流理台的廚房長大，吃著媽媽親手作的豐富多樣、每日更換的菜色，母親及其周遭女性都是主婦，工作場所沒有已婚女性，因此很多人一結婚就離職。

《好太太》創刊號的特集主題，倡導購買有生產履歷的安心、安全食物，提議吃糙米，不吃砂糖，建議攝取自然食物，並採取共同購買的方式。在那之後不久，經濟不景氣，雖然

3　歌詞中的一段是對先生說，女人的直覺很敏銳，若是外遇，要小心她會在湯裡下毒。

繼續製作安心、安全的特集，但也推出不景氣時代的熱門話題，就是如何撙節生活費，做好專業主婦的把關工作。

《好太太》提議的省錢撇步，例如把空牛奶盒用來做冰箱的分隔，而不是認為大量購買導致需要分隔，是件浪費的事。照著做的主婦被人嘲笑寒酸，甚至被稱為「好太」。換言之，這本雜誌受年輕主婦愛戴到如此程度。

接下來，挑選從一九九三（平成五）年受廣大讀者關心的「好太太」的報導中，幾篇專刊的內容，從這些專刊了解當時主婦不知如何是好的樣子，也看出九〇年代的主婦對自己的處境是多麼煩惱。

三月號根據讀者投書，製作了「用買來備用的常備品提高效率的料理術」特集，建議將現成的冷凍食品再度加工，副標題說明特集的內容：

雖然忙，但不想把市售的菜原封不動端出來，可又沒有時間親自下廚！如果是這樣，把現成食品作為基礎，再花點功夫，你覺得如何？比從頭做有效率，又可以增加豐盛度。

這群女性從小跟全家人一起從事休閒活動，青春期正值泡沫經濟，忙著和朋友交際，從事有興趣的事，或許也多少做一些工作。在這時期，不光是擔任全職工作的母親，才會沒有時間。

忙碌之中擠出時間做的料理，是使用大家熟悉的冷凍食品。

把馬鈴薯可樂餅油炸後剁碎，加入芥末粒和洋蔥再撒上培根，就成為熱馬鈴薯可樂餅沙拉。將漢堡排加熱後弄碎，混入水煮黃豆罐頭、青椒末、番茄醬、湯、烏醋、辣椒醬和紅酒，就成了簡易辣豆醬。也有用餃子做成煎餃淋香味醬汁，或是把肉丸子做成大份量的西式茶碗蒸。

重點在於，以上是來自讀者的投書。換句話說，有主婦把這些食材再加工當作一道菜。於是，不了解專業主婦工作的人會問，如果是這種程度的加工，跟用材料從頭做，不是一樣嗎？冷凍漢堡排或餃子，就這麼原封不動加熱端出來，不可以嗎？

對於在女性也出外工作的時代，卻選擇當全職家庭主婦的人來說，料理也必須以別出心裁和花費功夫來打動家人，如果不每天端出讓人眼睛一亮的料理，就連自己都會生厭。但是從小吃著每天不同菜色長大的世代，卻覺得這樣很麻煩。

六月號的《好太太》製作冰箱特集，標題是：「伙食費用增加的原因在冰箱！」像商業書般，解釋原因和對策，激發讀者思考。以說理的方式按部就班解說，可以想見這個雜誌的讀者擁有高學歷，而且有在企業工作的經驗。

檢查食品的安全性後做選擇，這樣的行為本身需要從生產乃至消費過程，具備相關知識再加上想像力。即使進入資訊時代，但相較一九七〇年的《主婦之友》，《好太太》顯然假想讀者是一群擅長邏輯思考的人，《主婦之友》認為只要把素材加工，在感覺上吸引人就好了，在那時代，只要是洋食就很新奇。

特集的原因和對策分別是以下文章：

原因一：把不必放冰箱的食材，也放進冰箱了。

對策一：把多餘的食品趕出冰箱，讓冰箱清清爽爽！

最好別放冰箱的，像是辛香料、蜂蜜、豬油。不放冰箱也沒關係的，則像塔巴斯可辣椒、起司粉、辣油。只需防潮而不須冷藏的，包括高湯粉、乾貨、麵包粉、醬油、豆瓣醬。至於開封後最好冷藏的，有麵味露、燒肉沾醬。

從這一連串清單，可以想見讀者是一群既會親手作料理，也會使用加工食品的主婦，綜合調味料當然不用說，豆瓣醬和辛香料也是家庭必備：

原因二：冷凍、冷藏，和蔬果室全都亂糟糟。

對策二：重新檢討放置的方法、容器和分隔方式，打開冰箱就能看得一清二楚！

解決方案是使用托盤或拉鍊袋，將ＯＬ經常使用的立可貼黏在密封容器上。

昭和後期，大型冰箱開始普遍，一九八〇（昭和五十五）年，國際牌的三門式冷凍冷藏庫問世，廣告由武田鐵矢擔綱，一九八四（昭和五十九）年，推出以「可以部分解凍」為賣點的冷凍冷藏庫，根據製造商國際牌在網站上的說明，所謂的部分解凍，是指比冷藏更保鮮，但又不像冷凍把食物凍硬，而能簡單調理的微凍狀態。進入平成時期，各廠商標榜自家特有機能的多門式大型電冰箱變得很普遍。

冰箱是可以用十年的家電，新婚夫妻考慮不久後出生的孩子食欲旺盛，而購買大型冰箱。有了大空間，即使不是孩子正值食欲旺盛的時期，也會一不小心就買太多，把冰箱塞得滿滿的。

蔬菜和肉類買來是為了親手作料理，至於想要省點麻煩，或者因為不知道如何調味，於是會買柴魚醬油、高湯粉，以及各種各樣的沙拉醬。忙的時候，現成的熟菜、冷凍食品，和手製的冷凍材料[4]就能幫大忙，還有能作出道地外國料理味道的辛香料和調味料。四門也

4　例如將紅蘿蔔泥注入製冰盒中，冷凍備用。

好，五門也罷，冰箱一下子就裝滿了。

主婦想親手作料理，也想嘗試各種口味。但是，她們也想使用便利的市售商品。從這篇特集中，看見一群被面前各種資訊弄得不知如何是好的主婦，那困惑的樣子。

七月號的《好太太》推出快速料理特集，矛盾之處在於事前準備要花不少時間。標題是：「快速加工的料理術，瞬間美食的菜單」。

舉例來說，前一天或是早上先把材料切好，製作料理時，青椒肉絲花十分鐘，中式蛋花湯八分鐘，麻婆豆腐六分鐘，什錦快速醃菜十分鐘。

烹調的時間確實變短，道理就和中華料理店一樣，把食材先處理好，就能立刻端出熱騰騰的料理。

但是，如果從傍晚就開始處理的話，家人回來的時候，不就有充裕的時間嗎？前一個晚上先切好的食材，不僅味道會變差，營養價值也會下降。此外，切材料會花很多時間，難道不是因為還不習慣作菜的緣故嗎？前一天或早上先準備好，難道就不麻煩嗎？不是反而讓人覺得事前準備真麻煩嗎？各種疑問再次浮現。

「材料先川燙好」的項目下，白煮豬肉淋醬汁的加工只要花六分鐘，但是在讀了事前的準備工作後，就知道這是一道花時間的料理：

將五百公克豬肉塊放入鍋中，再放入一、兩根青蔥的蔥綠和一片生薑薄片，加入滾水後煮一小時。

這可不是省功夫，而是從前一天就開始準備的費工料理。

看來《好太太》提倡的不是省工料理，反而讓人覺得很費工。然而標題和副標卻又歌頌簡單、快速。

外表和實際製作的差距，透露出九〇年代的主婦，被迫在偶像化的理想主婦和自己的真正想法間拉扯。

「事先將材料川燙」的文章，是以如下總結：

今天累死了！什麼都不想做！當妳說這些話的時候，只要切一切涼拌或煎一煎，一定會很開心，因為已經是熟的，因此這種料理方法最吸引人的地方，就是「馬上」就做得出來。

其實，主婦根本不想作菜。會那麼怕麻煩，是因為身為妻子，卻還不懂得簡單作菜的技巧，正因為不習慣，所以懶得動，她們心裡只有身為主婦的義務感。就算是《料理的鐵人》沒有否定料理中有愛情的成分，其實這個時代的年輕主婦，已經不做如此想。

絕望的主婦

九〇年代的太太們無法全心全意作料理，是因為圍繞在主婦周遭的環境，發生了巨變。一九八六年施行男女雇用機會均等法，之後景氣一片大好，即使是女性，畢業後工作也是理所當然的事，有些人從工作中找到成就感，更多人體會花自己賺來的錢是件快樂的事。泡沫時期將不生孩子的雙薪夫妻稱為頂客族，他們在社會上受到矚目。愈來愈多女性打算繼續工作，托兒所不足的問題浮上檯面，這些不光是景氣差的緣故。

專業主婦的成就感並不多，又不能領薪水，也不會每天被家人感激，有時特地作料理，卻換來「今天不回家吃飯」一句話立刻掛斷電話，就算打掃房子還是會髒，而且每天都要洗衣服。就算把冰箱分類整理得井然有序，很快又亂掉，而加工時間短的料理，事前準備卻很麻煩。無法用「效率」這種商業社會講求的價值觀來衡量，家中宛若另一個世界。

家事，是為了營造一個可以安居的環境。以手工處理為主的昭和前半期之前，全家人會一起做家事，否則生活的秩序就無法維持，這點無論大人小孩都了解。昭和後半進入機械化的時代，主婦一人就應付得來，這時不參與的家人漸漸感覺不到做家事的辛苦。值得關注的是，愈來愈多女性了解，在商業界中工作能化為金錢的律則，對家庭主婦的生活抱持懷疑態度。

九〇年代後半，《AERA》有許多報導是近距離觀察均等法世代人們的心理狀態，一九九七年三月十號的報導《專職主婦的絕望》後，以「迴響熱烈『專職主婦的絕望』讀者來函」為題製作特刊，描寫專職主婦看著還在工作的同事和老公，因而感到焦慮的心聲：

「我想做點什麼，現在就想。就在我這麼想的時候，時間一分一秒過去，卻找不到我想做的事。」

「事到如今，我不想當超市收銀員，我想做有意義、在人前風光的工作。高中、大學時代的朋友，也有人在當醫生或會計師，我沒辦法去做無法向人啟齒的工作。」

在男女完全平等之下長大的圭子，看見靠著工作實現一個個夢想的丈夫，益發不甘心。

「真狡猾。為什麼家是我的全部，而這個人卻可以隨心所欲，做自己喜歡的事呢。」

此外，這個時代也出現一群為憂鬱所苦的主婦，以及心事重重而導致什麼事都不能做的主婦。

《牛角麵包》也推出「主婦究竟是什麼」（一九九八年九月二十五日號）的特刊，探究主婦孤獨和不安的原因。

職業婦女增加，首次結婚年齡也愈來愈晚。在這時代，女性不是只有當家庭主婦一途，她們的眼中有各種可能，覺得別人家的草皮比較美。愈來愈多的年輕世代，對自己明明不想放棄工作卻當上專職主婦，感到痛苦不堪。

女性辭職有各種各樣的理由，例如遭到性別歧視、工作沒有未來等等，有些是因為加班太多體力無法負荷，或家事、工作無法兼顧。此外，還有些女性認為育兒不能假手他人，然而更多的理由是工作和帶孩子無法兼顧。

白天上班時，周遭大多是全職工作的男性，在家是結束忙碌工作、拖著疲憊身軀回家的丈夫。在公司找不到立足點而辭職的女性，確信職場是男性的戰場，家庭才是女性的責任所在，在她們的記憶深處，出現了生於昭和前半期，總是在照顧家人的母親身影。

春美迷世代──成為魅力主婦的原因

栗原春美登場

一九九二（平成四）年出版的百萬暢銷料理書，是栗原春美所著的《想聽見「謝謝招待」》，栗原春美在二〇〇〇年登上《AERA》「現代的肖像」單元中的料理研究家，被稱為魅力主婦。九〇年代，她在媒體公開表示：「我是主婦」，不造作的生活態度成為賣點，獲得一群被稱為「春美迷」的狂熱主婦粉絲。

這本料理書，將栗原的形象定調為時髦，但為家人盡心盡力且享受生活的主婦。書中的料理，是栗原平常做給家人或請客的菜色，書中的器皿餐具組等小物件，都來自她家。一開始的左右對開頁面不是料理，而是她家系統式廚具的照片，接著右邊頁面是一篇介紹成長過程的散文，這本書可說是栗原的生活記錄。

這本書讓讀者感覺像是一面在栗原家中作客，同時學作菜。書中不時夾雜栗原的解說，讀者彷彿就在她身旁聽她說話，十足的臨場感。

熟菜中的固定菜色之一「油豆腐煮小松菜」的食譜中，附了以下的文章：

前幾天，老公跟孩子兩人出國旅行，我突然落單，怎麼樣都提不起勁作菜。這時我才明白，一個人要飲食豐富均衡，是極其困難的事。

栗原春美在落單的時候也懶得開伙。白天家人不在時就隨便吃的主婦們，在栗原身上找到知音。

好客的栗原說：「客人來的時候，我也端出跟平常相同的簡單料理。」對那些磨刀霍霍，以為宴客菜一定要是功夫菜的主婦們，這句話令她們如雷貫耳。

「來到我家一起吃中飯的人，一定會說：『像這樣經常攝取大量蔬菜，有益身體健康。』什麼料理都放蔬菜進去，感覺會元氣滿滿。還有同事因為喜歡吃這樣的中飯，十二點一到就來我家。」

這段副標題下的文字介紹，料理包括四季豆煮魚丸、煮南瓜燴肉片、豆腐沙拉、普羅旺斯雜燴、水煮蔬菜沙拉、熱炒沙拉。確實不是費工的菜，但是營養均衡，讓人眼睛為之一亮，是主婦們想要的食譜。

這本食譜建議讀者，捨棄繁複的製作過程，加入新的點子，讓作菜和吃菜變得有樂趣。例如把麻油燒熱後，淋在放有青蔥或芹菜的沙拉上，再端上桌的「章魚香味的沙拉」，或是在砂鍋裡一面煮蕎麥麵一面吃的「蕎麥麵午餐」，以此來宴請客人。

想從書中尋找今晚菜色靈感的讀者，領會到輕鬆享受每一天的祕訣。即使栗原春美的粉絲多是資深主婦，書中依然強調「不費工」這件事。料理是件麻煩事，這是九〇年代的主婦全體一致的共識。

附上製程照片的燉牛肉，不使用花費時間的牛肉燴醬（demi-glace sauce）或棕醬（brown sauce），鍋中一面炒洋蔥，一面放入麵粉，接著加入紅酒，使麵粉充分融入其中。接著，加入番茄泥和炸豬排的醬汁等調味料，再放入表面煎過備用的肉一起燉煮。下一頁介紹的是，將雞肉川燙過再油炸的「先川燙的炸雞」。

許多人會使用費工料理的市售品或加工食品，這本書建議把這些現成的食品經過簡單的過程變成手作料理。這是專業廚師才有的全新點子。十二年前也有一位料理研究家提議類似的美食菜單，那就是小林勝代，只不過當時的心態和現在大不相同。

相較小林強調真正是親手製作，栗原則是看似費工其實簡單，因而吸引了一群怕麻煩的讀者。小林主張「我不是主婦」，栗原則說「我是主婦」。兩人在各方面都是背道而馳。

其中的差異，和兩位料理研究家所處的環境也有關係。身在二次大戰期間的小林，背負著料理研究家的名號，當時女性出外工作的社會風氣才剛形成，她所處的時代，認為主婦花費心思作料理是理所當然的事。

之後不到十年，外帶回家吃已經是普遍的做法，年輕世代大咧咧把「真麻煩」掛在嘴上。換言之，今非昔比。那麼，九〇年代被推崇為具有群眾魅力的栗原，又是什麼樣的人物呢。

栗原春美於一九四七（昭和二十二）年生於靜岡縣下田市，父親經營印刷公司，母親替員工料理伙食。栗原春美短期大學畢業後留在家裡幫忙，嫁給哥哥的朋友。

一九八三（昭和五十八）年，栗原春美以料理研究家的身分出道，當時也是均等法施行前兩年，栗原的丈夫在電視台擔任節目主持人，他的同事賞識栗原的手藝，於是從該節目的幕後人員出道，丈夫對她說的一句話：「我不希望妳只是等我回家的人」，令她決定把握機會，尋找自己能勝任的工作。八〇年代後半，不斷接下生活情報的新節目。

但是，當她還在累積經驗的時期，身邊還有老公工作的夥伴，有時也不得不扮演妻子的角色。《想聽見「謝謝招待」》是栗原春美想要發揮自己風格而寫成的作品。

文化出版局前編輯辰巳芳子，因為「現代的肖像」報導而嶄露頭角，文中也登載參與《想聽見「謝謝招待」》的土肥淑江，對這本書的評語：

栗原春美從主婦成為料理研究家，證明她在孩提時代和婚後，過著經濟不虞匱乏的生活。

之所以還要為她出身富裕來背書，是因為栗原的成長過程不像名媛淑女。在經濟高度成長期，頂著料理研究家頭銜的，有外交官妻子飯田深雪，以及出身望族的江上登美。八〇年代活躍的入江麻木，是俄羅斯名人的妻子，小林勝代出身船廠商家。要成為不斷推出新點子的專業人士，就必須擁有比一般人更豐富的飲食經驗。

然而，平成時期出名的栗原，卻是以平易近人來吸引粉絲，栗原的母親生於大正時期，九歲時喪父，母親出外工作，因此家中的料理就由栗原春美的母親負責，那是個非要親手作料理才有東西吃的時代，栗原的母親在背後默默支持家人。因此，栗原是在以身為主婦為傲的背景下長大：

「我小時候，母親每天要替員工做飯和宵夜。一大早起床洗米，中午的時候製作蕎麥麵的沾醬和炸蔬菜天婦羅。至於我，則是在母親旁邊盯著瞧，即使是讓人受不了的工作，她也不偷工減料，仔細用心製作，我也自然而然學會作菜。」（《想聽見「謝謝招待」》一開始的副標題）

結婚後，栗原為了喜歡洋食且有廚藝的美食家老公和孩子而花心思作菜。栗原的前半生是在母親旁邊觀摩，率先接受「支持家人」才是主婦的角色。

認為作菜給人吃是理所當然的事，所以不會爭強鬥勝，也不做表面功夫。動輒會花好幾個月嘗試錯誤，直到作出可以接受的食譜為止，這種專業人士的嚴謹，幾乎不會表現在外，而支持這種精神一路走來的是，身為母親那專業主婦的背影。

但是標榜自己是「主婦」身分的她，本身也搭上女性出外工作的風潮，成為在鎂光燈下的專業料理研究家。九〇年代，栗原被稱為有個人魅力的主婦，在這個階段的栗原，也證明不領薪水、為家人付出的主婦，已經不符時代潮流。

生於昭和前半期的主婦

栗原春美的粉絲，主要是中高齡主婦，她們生於昭和前半期，和栗原屬同一世代或是上一代，在她們結婚的那個年代，年輕女性一律以專職主婦為目標。

之所以會產生一群狂熱粉絲，是因為主婦們對自己的處境感到空虛，而且沒面子。她們結婚的時代，把專職家庭主婦視為理所當然，儘管如此，最近總覺得心裡不是滋味，女兒還用「因為媽妳是主婦」之類的話，來看輕自己。二〇〇〇年前後，還有一群年輕世代以「沒有出外賺錢工作」為由，發起對專職主婦的抨擊，栗原春美的存在，代表對自己人生的肯定。

生於昭和前半期的女性，一肩扛下家事、帶孩子的任務。沒有薪水，一年三百六十五天，幾十年如一日擔任主婦，也早就沒有退路。即使如此，她們也不是全都一個樣，個人差異當然不必說，而值得關注的是，每個世代扮演好主婦角色的方式也不同。

戰爭時期年紀十幾歲，出生於昭和十年之前的女性，從小到大在廚房裡幫媽媽的忙。婚後進入經濟高度成長期，家裡還沒有電視機，剛結婚時也還沒有冰箱。二十出頭歲，向菜攤和魚販買食材，每天過著買多少就全部吃完的生活。當時雖然已經有洋食或中華料理，但經常做的還是和食。

昭和十至十九年出生的女性，在戰時和戰後的混亂中度過少女時期。生在都會的人們，經歷戰敗後的疏散，有些人失去父母，少女時期連吃飽都有問題，更遑論學作菜。戰後，多愁善感的十幾歲，接受民主主義的教育，結婚養育孩子時有了冰箱和超市，於是率先學會洋食、中華等新式料理，體會到新的比較好。在那個時代，專職主婦被視為成功女性。

包含嬰兒潮在內，昭和二十幾年生的女性，在逐漸富裕的時代中成長。她們接受民主思想教育，在開始出現婦女解放等女性主張的時代中度過青春期，有些女性認為，為家人服務的生活方式不合時宜。正因為當時女性獨立的主張高漲，因此也有些女性對主婦的身分更是毫不馬虎，在沙拉醬、麻婆豆腐醬，以及加工食品推陳出新的時代中，卻堅持要親手製作，把系統廚具當作自己的城池，在其中精進廚藝。

經濟高度成長期，各個世代依序進入育兒階段，就學率上升，考試的競爭愈來愈激烈。七〇年代前半期，是升學補習班的極盛期。

婚後，她們花在家事的時間少於過去世代，同時孩子卻愈來愈忙碌，傍晚適合孩子觀賞的電視節目也比以往多。昭和十年之前生的主婦，女兒可能還會在廚房幫忙，昭和十幾年生的主婦則是在準備晚餐時，女兒坐在電視機或書桌前。此外，隨著世代推移，飲食也更便利豐富，社會上的可能性愈來愈多，訓練女兒作料理的機會愈來愈小。

昭和十年之前出生的人們，是最後一群能夠告訴下一代，下廚是理所當然的事。昭和十幾年生的女性對流行敏銳，或許她們接受的教誨是從此以後女性當自強。在獨立自主方面受挫的昭和二十幾年生的女性，在言語上反倒看似更加強勢，於是為了保住專職主婦的身分，把廚房視為自己的城堡，成天關在裡面，不許孩子越過雷池一步，孩子也就在完全不懂作菜的情況下長大。

八〇至九〇年代，母親在昭和前半期出生的女兒陸續結婚，在這個時代的料理媒體，是以省事和簡單為賣點，這是因為年紀愈輕的女性不習慣作菜的人也愈多。

天才柳澤教授的家事

有一本漫畫，可以了解昭和十年前出生的主婦生活樣貌，就是一九八八（昭和六十三）

年至今，在《週刊晨間》連載的《天才柳澤教授的生活》。作者山下和美，以過去在大學擔任教授的父親為藍本，創作出一位實事求是，把書當成最好朋友的書中人物柳澤良則，這本漫畫是透過他和家人的小故事，來描繪社會。

柳澤教授的生活規律是每天早晨五點起床，九點睡覺，跟專職主婦的妻子正子、念大學的小女兒世津子三人同住。住在附近的次女奈津子時不時來訪，奈津子上幼稚園的女兒華子最喜歡外公。故事進行中，長女逸子也搬到附近居住，她念小學的兒子阿守也會來玩。著墨不多的三女三津子嫁給漫畫家，三個女兒都是專職主婦，還在念大學的世津子，則是還不知道以後要做什麼，經常把玩龐克搖滾的男友弘光帶回家。

漫畫人物往往永遠不會老。平成時期過了二十年，世津子還在念大學，柳澤教授還在教書。相同的年齡設定，社會卻隨著時代改變。泡沫時期，教授被帶去迪斯可跳舞，卻在那裡睡著，辣妹時代[5]遇到援助交際的女高中生。書中也不時出現教授的少年和青年時期，也會從孫子的觀點敘述故事，就連飼養的貓也曾經成為故事主人翁。

家中有四個女兒，加上教授到處去買研究的書籍回家，因此正子變得很會省錢，例如水

5　一九七〇年代身穿新時尚服裝的女性。

壺龜裂就用膠帶黏以延長壽命，搬到新家的鋼琴三十年不調音，每天忙於家事，但是幾乎看不出成效，在其他家人做家事的時候，才顯出正子的重要。

正子很會作菜。柳澤教授愛吃魚，因此魚、味噌湯和煮物就成為固定的菜色，和有錢人結婚的姐姐來玩的時候就做大菜，偶一為之的旅行，就帶著裝滿料理的便當盒出遊，至於華子來過夜的時候，正子就做奶油可樂餅。昭和時期舉凡節慶料理、家常菜、洋食等變化多端的菜色，正子一個人全部搞定，手藝好到可以去附近的料理教室當助理。

有時教授也會受託出去購物，為了買到最便宜的竹筴魚乾，而一家家超市比價錢，這時候跟一群旁若無人的歐巴桑們搶購（一九九一年），或在無意間收了新手主婦當徒弟（一九八八年）。教授和正子的姐姐分享趁傍晚降價時購物的興奮感（一九九八年），他一味追求便宜而忘了時間，捕獲的戰利品有時因此來不及晚餐。

教授的購物常被當作題材，這是因為九〇年代前，中高齡男性去超市購物是稀有的事。大正末至昭和初期出生的男性，支持著經濟高度成長期，有著「男子遠庖廚」的觀念，正因為是不做家事的世代，因此買東西的樣子就有點滑稽。

在這個世代，退休男性也開始上烹飪教室，因此教授也挑戰作料理（一九九四年）。為了母親節，他突發奇想要作菜，於是買了給初學者看的厚厚一大本食譜書，來研究菜色。結果，他決定做竹筍飯、菠菜拌芝麻、茶碗蒸、鰺魚乾和豆腐海帶芽味噌湯。

教授把四人份的量乘以四分之三重新計算，然後跟往常一樣在商店街轉來轉去貨比三家，回到家已經過了六點半。接著，他把量好份量的材料全部攤在餐桌上，正子吃驚說道：

「接下來才要洗米嗎？」

正子坐在沙發上無所事事，忍呀忍地等菜做好。茶碗蒸做到半途，教授問正子：「雞蛋會順利凝固嗎？」要不就是正子大聲提醒：「高湯一定要冷卻才行！」這是因為教授並不知道，那些因為理所當然而沒有寫在食譜上的基礎程序。等待高湯冷卻的當下，正子又發現教授沒注意到的地方：

「爸爸！」

「怎麼了？」

「廚餘垃圾的最上面，丟的是什麼東西？」

「竹筍的殼啊，怎麼了？」

「這是竹筍尖端最嫩的部分，用梅子肉涼拌很好吃哦。」正子叫道。

「要拿回來洗一洗嗎？」穿罩衫意外看來很順眼的教授，拿起三角形的垃圾盒問道。

「好好的東西……算了！」正子欲哭無淚。

教授總算做完菜，正子開心吃著擺盤也美美的料理，對於完全按照食譜分毫不差製作的美味料理感動不已，但是教授正要下筷子的時候，才發現時間已經是八點半。「睡前吃飯對胃不好。」說著就掉頭往臥室走去，留下水槽裡堆積如山的鍋子和餐具。

還有一回，提到正子前往廣島參加友人的喪禮，於是把家交給教授和世津子，兩人幹勁十足地做起家事。教授一直希望有機會能夠幫忙老婆，世津子則是想趁機一雪前恥。

幾天前，世津子去弘光的住處玩，看到弘光善於理家，廚藝又精湛的一面，而對他刮目相看。有一回世津子想幫忙，不小心洩漏她連義大利麵都沒煮過，弘光訝異地說：「明明是女孩子，也太不經世事了吧！」

比世津子早起的教授站在爐台前，對著鰺魚乾、秋葵納豆、裙帶菜洋蔥味噌湯、炒豆腐的手寫食譜傷腦筋。「沒有生薑。這麼一來，我一小時前就開始反覆推敲的早餐製作計畫，就沒辦法付諸實行了。」

目瞪口呆的世津子說：「我的可是完美無缺呢！」說著便拿出她的那一份手寫食譜炫耀，有柳橙汁、總匯三明治。但是，爸爸指出：「家裡也沒有麵包哦」，兩個人陷入無計可施的狀態。最後擺上餐桌的是：水果沙拉、鰺魚乾、湯、味噌湯、白飯、炒豆腐的奇特組合。

教授得知，女兒也擬妥一整天的家事計畫書，便把這件事交付給女兒做。但是在訂定菜單之前，連廚房有哪些食材都沒有事先檢查的世津子，果不其然手忙腳亂，沒有掌握要領，傍晚精疲力竭：

好好做的話，家事是最辛苦的勞動，真佩服媽，數十年如一日，想必她也知道怎麼做會比較省力。

世津子對母親另眼相看。平常的世津子，總是在正子做飯時和弘光或父親坐在沙發上休息，有時玩到深夜都不回家。母親也不曾想過，要教第四個女兒學會做家事。

全家圍著餐桌吃飯的柳澤家，時間一直停留在昭和結束時期，主婦作菜有樂趣的成分在內，以魚為主的和食，可說是昭和時期的光景。

昭和已經遠去。如果把故事發生跟現實時間搭配，教授和正子目前已經年過八十，世津子四十多歲，說不定她和弘光生的孩子已經是上大學的年紀了，又或者可能是獨自生活。最喜歡外公、在上幼稚園的華子二十幾歲，她會長成什麼樣的大人呢？

世津子學會作菜了嗎？還像年輕時一樣喜歡洋食嗎？還是回過頭來，喜歡母親做的和食呢？尊敬外公的幼稚園生華子，是否如願成為有知性的大人。當了一輩子家庭主婦的母親，想給女兒的身教是什麼？終於來到二十一世紀，屬於兒孫世代的飲食了。

專欄：平成時期百貨公司地下街的革命

在流行文化開花結果的昭和時期，百貨公司是一家大小穿戴整齊去遊玩的場所。你可以帶孩子輕輕鬆鬆到百貨公司的餐廳用餐，媽媽在服裝專櫃買衣服，還可以選購伴手禮和年節禮品。地下街的食品賣場，有一家接一家的高級禮品店。

率先在百貨公司地下室販賣日常食品的是，堤清二領軍的西武百貨池袋店，這家百貨店以系井重里的「不可思議、超喜歡」和「美味生活」等標語而受眾人矚目，一九八二年將地下室改裝，命名為西武食品館。

兩人份包裝的和、洋、中式食材和醬料「美味包」、魚、肉、可樂餅，等等小包裝的「二人份美味」，鎖定小家庭的食材包、熟菜，由於走在時代前端，銷路也跟著紅不讓。法國知名外帶熟食店、雷諾特甜點店的成功獲得矚目，其他百貨店也不甘示弱，紛紛和歐美知名企業合作，販售紅茶、甜點和麵包。高島屋和馥頌（Fauchon），三越和哈洛茲（Harrods）、伊勢丹和黑蒂雅（Hediard）、大丸和保羅（Paul Bocuse）。一九八四年，Troisgros在小田急百貨開店，一九九〇年開始販賣麵包和熟菜。

從這段時期開始，雙薪家庭的婦女每天都在百貨公司地下街購買食材，最初將賣場貨品備齊的是關西的百貨公司，東急百貨公司食品統合部部長村松弘章表示：「我帶著販賣魚、肉、蔬菜的負責人，前往梅田阪急百貨店的生鮮食品賣場，早晨食品多到不見底，到了傍晚東西還賣不完，讓大家感到震撼。到了九六年，第一件事就是強化生鮮食品的賣場。」這段時期引進RF1，著手充實熟菜賣場的陣容。

東急百貨公司將其東橫店，定位成人們平日購物的百貨店，於二〇〇〇年四月進行改裝，取名為東急食品展，開啟百貨地下街的戰國時代。第一天擠得水泄不通，當年度結算營業額高達一百八十億日圓，是前一年的一點五倍。

東急百貨不顧公司內部反對，把地下室設置成食品專賣樓層，並且發掘多家美味新店家，請他們前來開店。開在丸之內本店的人氣越南料理「西貢」，該店的生春卷是促成越南料理大熱門的推手，青山的熟菜和便當店Pariya至今依舊人氣不墜，百貨地下街宛如情報發信站，替消費者發現豐富餐桌的新料理，以及稀有的美味食品。

二〇〇七年，新宿伊勢丹百貨改裝，目標是將飲食變成一種時尚，它將和食和洋食分開，使用各自統一的器皿盛裝，把空間變得整齊，並且使用間接照明，讓食品看起來更好吃，一個個玻璃櫥窗並排，展現特殊的氣氛。三越伊勢丹百貨的新宿店，食品營業部部長中野健一表示：「東西好吃的話，既可以平日買來自用，也可以買來送人。」在這個時代，要過節吃還是平日吃，由個人來決定。

被問到未來百貨公司地下街該賣什麼東西時，中野先生的回答是：「在最佳時機，持續提供打動感官的真實美味。」這也是在自傲為全世界第一的百貨公司、伊勢丹新宿店的食品賣場擔任負責人才有的發言，至今人們還是會到百貨公司買東西來慶賀自己或他人的喜事。

東急百貨的村松，強調百貨地下街是每天的熟菜提供者。「務必在固定菜色上精益求精。確保食材品質、注意食品安全以及供應穩定。此外，要推出季節性的食品。」隨時提供對的食品，也是百貨公司才有的想法。

即使物換星移，百貨公司依舊求新求變與追求高品質。希望未來在外帶文化的引領下，百貨公司繼續提供讓消費者可以信賴的熟菜。

第四章

餐桌的崩壞和重生

——二〇〇〇年以後

昭和後半誕生的人們的餐桌

電影《橫山家之味》中的親子關係

阿部寬主演的電影《橫山家之味》，是二〇〇八年上映的話題之作，導演是生於一九六二（昭和三十七）年的是枝裕和，他拍攝的《無人知曉的夏天》，獲得坎城國際影展的最佳男演員獎，是受到國內外矚目的電影導演。

《橫山家之味》的靈感，來自是枝裕和去世的母親。描寫夏季的某一天，兒子、女兒帶著家人回到老爸老媽家中的經過。

電影一開始，拍攝在廚房準備午餐時的手部動作，刨胡蘿蔔的女兒千波（YOU）和削白蘿蔔皮的母親聊著作料理的話題：

「白蘿蔔真是天賦異稟。」

「馬鈴薯呢？」

「馬鈴薯要看手藝了。」

「白蘿蔔無論是煮的、燒烤還是生吃都好吃。」

「沒人會烤白蘿蔔吧？」

「白蘿蔔烤一下再煮可以去除澀味，烤過用麻油快炒。」

「隨便啦，反正我又不做。」

母親提到做法，是想把烹飪技術傳授給女兒，但是女兒身為專職主婦，卻不像母親那樣熱中研究烹飪，只是隨便搭腔罷了。想法不同的兩人一同做著料理，把豬五花肉翻面，蒸好的馬鈴薯碾碎，茗荷切絲。煮過的碗豆篩去水分，再沖水冷卻。淑子這位資深專職主婦，動作相當俐落。

接著，在路上不滿說著「不想去」的次男良多（阿部寬）也來了，妻子由佳里，帶著跟前夫生的正在念國小的孩子嫁過來，良多在廚房裡剝玉米粒，他說：「以前這都是我的差事」，一面用手指熟練地把玉米粒剝下，接著開始製作淑子的拿手玉米天婦羅。

「好懷念！」千波高興地說，這句話也說明她並沒有把這道料理學起來。由佳里接著說：「很少見哦。」淑子說：「誰都會做。」由佳里驚訝說道：「玉米不是用水煮，就是用烤的……」

淑子並不覺得，自己做的東西有多特別，在外頭工作不久就結婚的千波，知道母親的料理是多年研究的結果，但是見過世面的女兒，對於只想守在家裡的母親卻感到有些不耐。

這一天全家齊聚，原來是為了長男純平的忌日。十五年前，純平為了救一名溺水少年而被海淹沒，淑子把對他的記憶美化，留戀不已。到墳墓上香後，按照慣例被救起的少年來訪，少年回去後，淑子對優秀的兒子為了這個既不聰明又不英俊的少年犧牲，表現了不滿。

千波一家子傍晚打道回府，在車上對母親不把自己當一回事，感到憤憤不平：「媽老了又不可能靠死掉的哥哥來照顧。」

女兒離去前，見機把剩下的飯糰和煮物塞進保鮮盒，淑子目送著他們，不滿地說：「來這麼多人（四人），到晚上（晚飯錢）都省了，真受不了。」之後對將近四十年前老公的外遇依舊耿耿於懷。至於剩下的這個兒子跟帶著拖油瓶的女人結婚，淑子也表達不滿。

恭平（原田芳雄飾演）曾經是開業醫師，他對孩子也有不滿。良多不繼承家業，選擇走上繪畫修復師的道路，父子之間互相防備，往往話說到一半就講不下去。

對彼此累積許多不滿的這家人，在久久一次的聚會終了後，全都累癱了。即使如此，恭平還是很高興孫子們到來，而且以爺爺的身分和由佳里的兒子聊天，淑子則是為沒有照自己意思長大的兒子和女兒卷起袖子大展身手，千波擺出一副不知天高地厚的嬌嬌女樣，良多則像個任性的兒子，身為老公卻跟妻子說爸媽的壞話。

是枝導演根據親身經歷，描繪長年心結的真實家族。擺滿母親手作料理的餐桌，與其說是一家團圓，不如說是一觸即發、處處地雷的戰場。就這樣，從女兒不打算繼承母親經過歲月調製的味道中，看到時代的改變和世代間的不合。

《第八日之蟬》的母與女

為人子的是枝，清晰描繪父子歧見，但是對母女之間卻含糊帶過。描寫父子不合情節的作品，有很長久的歷史，也是社會上公認的現象，但是枝或許認為，描寫母女不合的時機尚未成熟吧。

不管如何，在日本母女不合長久以來就是個禁忌話題，家事、育兒、照顧老人全部一手包辦的母親，以無私的愛來消解她們肩上的負擔。過去以來，把家裡的活兒全交由母親做的人，是不可以承認母女之間存在著心結和怨懟。

一九六七（昭和四十二）年生的直木賞作家角田光代，對此提出不同的意見，她生動描寫包藏各種問題的平成家庭，特別是母女問題。

角田光代的長銷書《第八日之蟬》，於二〇一一（平成二十三）年被拍成電影，由井上真央主演，這是二〇〇五至〇六（平成十八）年，連載於《讀賣新聞》的作品。

主角是不到一歲，就被父親外遇對象抱走的惠理菜，從逃亡三年的犯人希和子與大二學生惠理菜的觀點描寫。

希和子被迫墮掉和外遇對象秋山丈博的孩子，把搶來的惠理菜視如己出，以取代沒能出生的孩子。

逃亡生活之初，由於照顧她們的天使之家遭到追查，希和子為了保護小嬰兒，把家中打掃乾淨、刷洗浴室、細心清洗器皿，餵食嬰兒食品。希和子為了尋找一處可以和孩子生活的環境而逃到小豆島，她為感冒的惠理菜煮鹹稀飯，惠理菜復原後，做咖哩給她吃。

某次祭典時，業餘攝影師拍攝的相片被登在報紙上，希和子就這麼被逮捕了，後來島上的人在接受媒體採訪時表示，兩人在他們眼中「根本就是親生母女」。

相較慈愛的冒牌媽媽，女兒回到身邊的生母，或許是因為惠理菜失蹤期間的痛苦，精神呈現不穩定的狀態。她想對女兒溫柔，到頭來卻歇斯底里地怒吼，不久索性夜不歸營，把家事丟著不管。惠理菜回憶起孩提時期的飲食：

> 早上起床也沒東西可吃，電鍋裡空空如也，冰箱裡連雞蛋和青菜都沒有（中略），晚餐吃超市買的現成熟菜，連同包裝盒就這麼放在餐桌上端出來，要不就是白飯配可樂餅或燉煮。

作者用心良苦。在健全環境下養育孩子的綁架犯，和放棄養育孩子責任的生母兩相對比之下，讀者不禁要問，到底誰才是母親、誰才是家人。這本小說獲得許多共鳴，因為讀者從雙方家庭中發現和自己的相似之處。

昭和時期，家庭是幸福的象徵。家庭倫理劇描繪家人團聚的情景，餐桌上有味噌湯、白飯和好幾樣菜，媽媽忙著招呼大家吃飯，每天早晨從味噌湯的香味開始，廚房傳來媽媽切菜的聲音。

戰後，在廚房兼飯廳變得普遍之際，之前嚮往的一家團聚也變得理所當然，爸爸在外賺錢養家，媽媽做家事帶孩子被視為一般家庭，否則就被認為不幸福。

母親在外工作的鑰匙兒固然可憐，父親不出外工作也是問題。此外，即使父母之一缺席，但是和沒有血緣關係的人生活也是不正常。幸福家庭的樣貌是固定的，只要不符合，就會被大家認為不幸。

外表看似完整的家，就一定要幸福，孩子一定要被生母所愛才行。這個社會，與其說是讓每個人照自己的方式過活，其實是期待每個人乖乖各就其位，有時甚至是強迫。《第八日之蟬》描寫的是，這個使人不幸的社會。

長久以來，人們不曾省思親生母女間的嚴重不睦。平成時期後除了小說，《AERA》、《婦人公論》的報導或心理學書籍，使這個問題浮上檯面，二十一世紀初成為眾人矚目的焦點。角田光代在世人開始承認母女不睦的時代，成為人氣作家。

角田光代作品中的餐桌

角田光代經常描寫一群為了迎合社會對正常家庭的期待，而失去自我的人們，其中一本是二〇〇四年出版的《院子的櫻花，鄰人的狗》。

三十幾歲的專職主婦田所房子（娘家姓春田），和老公宗二兩人住在東急田園都市線上，一處名叫「玉廣場」的公寓裡，這是田所房子父母出頭期款購買的。但是，在活動企劃公司上班的宗二想要自由，於是在高園寺一處便宜的公寓租屋，而房子則是不開伙。這個故事描寫的是，一開始就放棄家庭責任的夫妻，令人擔心的歷程。

宗二的父親一大早就喝酒，成天鬧事，在宗二年僅十六歲時就死了，母親一手把兩個兒子撫養成人，直到進入大學。宗二是典型有著不幸身世的青年，父親當初沒有願景，宗二想以此為誡，然而自己卻也始終找不到願景。

田所房子的父親工作到退休，現在擔任兼職工作，媽媽忙著到文化中心上課，是昭和時期的典型家庭。房子上高中那一年，春田家在東急田園都市線的月見野車站附近，買了一棟透天厝，弟弟薰的妻子百惠比薰年長，在中央林間經營雜貨店，和房子夫妻一樣膝下無子。

或許是因為孩子大了搬出去，或是因為住在這處郊外的人來自各個不同的地方，春田一家人在月見野交不到朋友。每到周末全家人就去自己想去的地方，例如尋找圖書館或可靠的醫院、好吃的麵包店或餐廳，十幾歲的房子覺得一家人過著孤立的生活，簡直就像遇到困境般。

或許是同病相憐吧，春田家乍看之下感情很好。父親生日那天，四個人一起吃飯，房子動不動就回娘家，吃媽媽做的午餐，把替她留的料理裝進塑膠盒帶回家。

春田一家感情融洽，是因為對彼此的關心僅止於某種程度，因為介入不深，所以不起衝突，因而維持和平。女兒在娘家跟媽媽之間的對話，就像跟附近鄰居般不痛不癢：

「啊，塑膠盒放在水槽裡囉，已經洗乾淨了。蟹肉芙蓉蛋和肉丸有夠好吃的！」

「是哦？好吃吧！那個蟹肉芙蓉蛋啊，祕訣是直接開大火，用平底鍋燒。對了，妳中飯要吃什麼？」

母親想趁機教房子作菜，卻被她呼嚨過去。房子的母親一直以為女兒一定會作菜，但是從房子把媽媽做的菜帶回去這件事看來，她八成還不習慣作菜：

今天媽讓房子帶回家的，有燒烤豬肉和蔬菜燉煮。房子在廚房拱著背切燒豬，把塑膠容器裡的燉煮倒到盤子裡，媽媽要房子在豬肉上加點蔥白絲，但房子沒照做。冷凍白飯用微波加熱，把飯倒進飯碗裡，連同燒豬和燉煮的盤子一起端到沙發的矮桌上，對著電視吃。

房子有了自己的家，卻還是把母親做的菜帶回去吃。故事中段，宗二的母親因為參加相親聯誼會而來到東京，刻劃出繼續依賴娘家生活的房子，和婆婆相處的尷尬。

房子面帶笑容迎接婆婆來住，聊得看似開心，衝著婆婆一句「很簡單」，於是做起了醃漬梅干。房子雖然從他人的角度，認為自己是「當媳婦的想跟婆婆取經」，但是「房子對自己身為媳婦以及對婆婆的認知之欠缺，到了不可思議的地步，好像她只認為，自己是跟一個陌生老太婆醃梅干而已。」

婆婆回去後，房子就把梅干丟了。如果不要的話，當初就別說要做醃梅干，但是為了不破壞當下氣氛，就不知不覺扮演起好媳婦的角色。房子隱約覺察到自己想的和做的不一致，而覺得假假的。

房子跟別人說話時，有時會誤以為自己是在演戲，沒有思考自己真正的感受，只是反射性說出冠冕堂皇的話來應付，因為言不由衷，跟任何人都沒辦法交心。但是，房子對這種孤獨並沒有自覺。

有一天，百惠突然問道：「姐姐有考慮過離婚嗎？」這句話聽在房子耳裡就像救生艇般，於是她說她想離婚，然而這場離婚糾紛中，身為當事人的宗二，卻讓人不大感覺他的存在。

房子的母親堅決反對女兒離婚，從她的言行中得知，母親的本意只是不想跟別人不同罷了。由於房子至今一直扮演好孩子，因此母親對女兒的慈愛，無論是同意她結婚，或者婚後幫她付公寓頭期款，這些無非是希望被外人認為自己是個幸福的母親，這樣的自我滿足罷了。房子的母親在乎世人眼光，對頭一次不聽話的女兒不由分說罵了一頓，不想聽女兒述說心情，這位母親可能從不曾好好面對過女兒，女兒則可能是看母親的臉色，說母親想聽的話，被當成好孩子長大成人。

角田透過如浮萍般的夫妻與其周遭的關係，對婚姻提出質疑。在普通中產階級家庭長大的房子，和在典型不幸成長歷程中長大的宗二，都缺乏創造自己人生的意志力。宗二逃離兩人的家，房子則是放棄扮演「煮」婦角色，兩個人在逃避婚姻生活方面，可說是一丘之貉。

田所夫妻空虛的婚姻生活及其失敗——從野火燎原、追求物質富足的飛快奔跑，乃至之後的迷失目標——可說是平成時期的日本寫照。

平成時期的人們，循著社會替自己鋪好的道路走上終點站「婚姻」後，還是得繼續生活。不知該怎麼過日子的田所夫妻，是一直被迫朝目標努力前進的昭和孩子們，在長大成人後的真實寫照。沒有人教自己如何達到未來的快樂結局，苦的是，說不定人生永無止盡。

或許我們看不到的是日常生活。這本小說在與吃有關的場面中，以象徵手法表現這點。房子的母親，是田所夫妻分手的理由之一，她歡迎女兒賴在娘家，每次都讓女兒把料理裝進盒子帶回家，等於是透過吃這件事，侵入女兒的家庭。

婚姻是夫妻共同打造新生活，在不同環境下成長的夫妻，一面磨合雙方的喜好，創造出新的口味，這是婚姻長長久久的歷程，母親剝奪這個機會，卻毫無自覺。

不僅如此，母親甚至在某些方面，還歡迎女兒依賴自己。事實上，一輩子都在照顧家人的母親，不想放棄「母親」這個角色。

房子每天把媽媽做的料理帶回家，自己不開伙，想要延續孩提時期，繼續過著依賴母親的生活。作菜這件事，既要知道自己想吃什麼，也要思考家人想吃什麼，一向只接受他人給予的房子還是個孩子，老公的事當然不關心，就連自己的事都當作事不關己。不是在自己的意志下生存的房子，從母親的保護這座透明柵欄而發出的不協調感，猶如小聲的呼救，但是誰都接收不到。

不會作菜的妻子

電影小說中出現的不作菜或不擅長作菜的妻子，說到底不過是虛構的。但是，這樣的妻子在現實生活中也所在多有。二〇〇五年前後的一項調查突顯這個事實，結果媒體爭相報導，為世人帶來衝擊。

這項調查是從一九九八（平成十）年起，每年進行的旭通廣告餐桌調查（食Drive），該機構調查一九六〇（昭和三十五）年後出生、住在首都圈，且家中有孩子的主婦共一百一十一人，請她們將一週內的菜色拍照，透過問卷和訪談了解飲食狀況，受調查的對象所居住的區域和社會階層則不公開。

調查結果，從二〇〇三（平成十五）年的《改變的家庭、改變的餐桌》（岩村暢子），乃至二〇〇五（平成十七）年將訪談對象擴及父母輩的《現代家庭的誕生：幻想系家族論之死》等等，共計出版五本書。

調查對象所屬的世代，與《橫山家之味》中的千波，或《院子的櫻花，鄰人的狗》的房子相當。

根據「食Drive」的調查，生於昭和後半期、住在首都圈的主婦，強烈覺得作菜是件麻煩的事，偷懶的情形也屢見不鮮。玩累的時候，或是早晨起不來，就會把超市或便利商店買來的熟菜、便當、即食食品、調理食品端上餐桌。如果回娘家玩，讓母親一個人作菜，對他們來說也是理所當然的事。

她們表示削皮、切絲很累人，剩下的蔬菜也不知道該怎麼換其他做法把它用掉，她們動不動就會使用切好的蔬菜、冷凍蔬菜、番茄或菇類罐頭、不必削皮就可以料理的綠花椰菜或小番茄。換言之，她們還沒有習慣作菜這件事。

基本知識也很欠缺。她們不知道要去除菠菜的澀味，也不曉得昆布和海帶芽的差異，以為所謂的切魚就只是把頭尾切掉。

她們擅長把原版料理做點小變化，例如：用韓國泡菜調味的泡菜餃子、加入美乃滋的鱈魚子義大利麵、用燒肉沾醬做馬鈴薯燒肉、放入高湯粉和咖啡奶精粉的日式蛋卷、把雞翅沾上梅子醬燒烤、把用調理包做的青椒肉絲用春卷皮包，然後油炸。她們表示，不挑戰新菜色的話會吃膩。

這一串料理，讓人聯想八〇年代的《橘頁》和九〇年代的《好太太》，這些是在她們正值適婚年齡的時候創刊，爾後成為暢銷的雜誌，它們會加入梅子或蜂蜜等新的調味以增添菜色，並且不斷介紹用冷凍漢堡排製作燉煮料理，或者把加工食品稍加變化後做成一道菜。

她們把以應用為主的雜誌當作教材，對求新求變有著很深的執念，很多人不向媽媽學作菜，也不在旁邊幫忙。讓我們試著回憶昭和時期，正值她們成長過程的餐桌。

家事變輕鬆，主婦一個人就應付得來，她們在孩子玩耍、看電視或讀書的時候，一下子就作出一桌菜。她們成長於昭和後半，正是兒童節目的全盛期，也是升學考試競爭日益激烈的時代，因此這群母親們希望孩子好好玩、好好讀書，將來才會有前途。

孩子從小到大，既不到廚房幫媽媽作菜，也不在旁邊觀摩。

生活就是準備食物和整理餐桌。既沒有建設什麼東西，也不留下任何實體，然而每天吃飯就能強健體魄、滋養心靈，為明天生出活力。飲食教導我們所謂的生活，就是無窮無盡地重複相同的事。

廚房飄來飯菜香、切菜的聲音、煮的聲音、油炸的聲音，接著端出一道道料理。在遠處看或在一旁幫忙，同時把順序和祕訣學起來。在好奇心和學習力強的孩提時期學會的技術，會在不知不覺間成為自己的一部分，掌廚的時候就能派上用場。

不過，許多在生活環境劇烈變化時期成長的女兒，卻沒有這樣的機會，她們吃著不知什麼時候做好的料理，連整理都賴給母親，對這樣的女性來說，在外頭吃或買回家吃，跟親手製作料理之間或許沒什麼不同。

受訪的主婦對作菜不起勁，或許是因為她們從小對於外面的口味太熟悉。她們的青春期正值泡沫經濟，再加上美食熱，外食就成為家常便飯。平成時期，這群女性成為主婦後，到處都可見到美食的加工食品和熟菜。不會做屬於自己的味道，整個人投入消費經濟當中，她們的以下發言甚至令人痛心：

「調理包的中華丼，比我自己做的好吃。」（三十歲）；「自己做義大利麵醬，總覺得差了點什麼，所以我都加罐頭進去。」（三十一歲）；「自己做的白醬奶油燉煮不下飯，所以我都用現成的醬汁做。」（三十四歲）；「青椒肉絲或麻婆豆腐如果不用調味包，就會作出怪怪的味道。」（四十一歲）

習慣了專業人士的味道，或是放很多添加物的重口味後，當然會對買來的熟菜，給予比自己做的料理更高的評價：

「自己不大可能作出外面賣的沙拉，所以那種拌好的沙拉我都直接買外面的。」（三十二歲）；「自己做的明太子醬會有點腥臭味，所以我都買全家人愛吃的市售品。」（三十七歲）；「外面買的可樂餅比我做的好吃，所以我不自己做。」（三十五歲）

專業廚師做的料理，本來就跟家的味道不同。專業的口味讓人留下深刻印象，或許味道很穩定，自家做的料理時好時壞，有時甚至會失敗，但是可以選擇配合風土、季節或天氣、當天的身體狀況或喜好來製作食物。從小熟悉的味道，給人安定的感覺，然而這些女性卻沒有自己專屬的口味。

其實，什麼口味都可以。根據調查，有受訪者號稱會親自去確認獲得好評的店家或商品，所謂外面賣的比較好吃，或許只是囫圇吞下媒體的評斷和宣傳文字，沒有用心思索自己真正要什麼。這種無所謂的心態，也表現在對家人的態度。

當太太們談到，丈夫因為加班等理由而很少跟家人一起吃晚飯時，表示：「他好像會去便利商店，買個晚餐來吃。」而並不想知道老公吃了什麼，還有女性表示：「周末或放假，我起的比較晚，老公孩子早上肚子餓的話，每個月大概會去三次牛丼店。」這些女性用推測的語氣，來說明家人的行動，她們究竟有沒有心，想要構築家人共同的生活呢。說不定，她們對晚餐三番兩次放鴿子的老公，已經死心了。

令人擔心的在於，主婦不關心正值發育期的孩子的飲食。把孩子可能愛吃的東西囤積在冰箱，卻不知道該選什麼，甚至有些主婦從早到晚都把孩子帶在身邊，卻沒有察覺到孩子因為沒吃中飯而精疲力竭，或許孩子連說自己肚子餓都沒辦法，又或許是因為受訪談的主婦本身肚子並不餓。

她們不關心自己的口味、老公的健康和孩子的成長，幾乎沒有意識到自己是經營家庭的當事人。角田光代小說中的主婦，在現實生活中也很多。

不教孩子作菜的母親

昭和前半期出生的母親，支持著一九六〇年後出生的主婦們的婚姻生活，她們獨自用心製作每日更換的菜單，在媒體上學習料理，朝著既精且多的廚藝邁進。如今為了兒孫把冰箱塞滿滿，獨自享受付出的喜悅。

這些媽媽在戰爭期間和戰後正值少女時代，她們回憶當時糧食短缺的艱困生活，可見她們當初不是從母親那裡學會作菜的。

飲食的智慧和文化，是人類賴以生存的手段也是支柱，而其傳承卻因為戰爭中斷，由於自己沒有被要求作菜，所以不會做，也不知道作菜的必要。因此就算女兒問自己作菜的方法，也會告訴她：自己是從雜誌學作菜，廚藝馬馬虎虎，還是去烹飪教室吧。因為當初沒有人教，所以沒有覺察到如果我不教的話，女兒就不會。

母親在成為主婦的時代，廚房發生很大的變化。母親經歷的是，擁有亮晶晶廚具時的洋洋得意，到擺滿食材的超市購物時的喜悅，學會並品嘗從未見過的料理時的感動。此外，成為專職家庭主婦既是喜悅也是驕傲，有積極學料理的強烈動機。

女兒無法分享這種感動，但母親並沒有察覺。在富裕被視為理所當然的時代中成長的女兒，結婚後輕鬆就能買到比自己做得更複雜、味道更強烈的加工食品、外食或外賣熟菜，因此不自己下廚。她們面對的社會，充滿著與其自己做，買的還比較快的誘惑。

母親沒能意識到女兒和自己的差異，從她們表示女兒很會作菜，就可以窺知一二。明明就沒有教女兒做過菜，也沒吃過女兒親手作的料理，卻相信女兒會做，或許她們把懷胎九月生下的女兒，以為是自己的翻版也說不定。

另一方面，女兒離不開父母。從旁觀者角度觀察一般家庭，發現是因為這些嫁出去的女兒，沒有意識到自己在經營一個家，打從心底就認為，準備餐食不是自己而是母親該做的事。

盲目以為外面賣的東西好吃，也是因為缺乏當事人意識的緣故。因為還像小時候一樣等著別人來教，所以沒辦法自己判斷，而因為無法自己思考，所以沒自信。結了婚，連孩子都有了，卻依然賴著父母，不是在過自己的人生。

她們一直覺得作菜很討厭，不是因為不會做，而是因為沒有自信。無論如何，只要有心，她們既會熬煮高湯，也會做紅燒豬肉或通心粉沙拉，也有能力使用各種食材，再用點巧思加以變化。

如果認為自己不具備基礎，買料理的書來研讀就解決了，但卻放棄努力，不想好好作出自己想吃的味道，和想給家人吃的料理。

女兒大概是從小被教育要當好孩子，聽父母的話用功讀書，跟大家一樣結婚，卻沒有思考自己的期望和人生目標，因為父母教我這麼做，而且周遭的人也都這麼做，就步上母親的後塵成為專職主婦。因此，無法想像未來怎麼生活，延續著當女兒的時候繼續玩，有時雖然不得不作菜，但就是認真不起來。

從規劃菜單到製作，要從想吃什麼、想做什麼菜給人吃的主動欲望開始，打從心裡覺得好吃的吃著，看見家人開心的表情。欲望獲得滿足，應該就能有幸福的感覺。然而，她們既不想知道自己要什麼，也不想知道家人要什麼。她們被資訊操縱，覺得做家事和養育子女很煩人，說這些話的她們，看起來並不幸福。

扮家家酒料理的《Mart》

說也諷刺，「食Drive」的調查讓我們了解，準備餐食需要經驗和自信。昭和前半期出生的母親，從小沒人教作菜，但她們之所以會做，是因為把維護家人健康視為己任，而這麼一路走來的。

失敗也是有的。沒有料理的基礎，有時也會不知該怎麼辦，但是她們抱著主婦這份工作的使命感，不斷借助媒體的力量，靠自己作出家的味道。不依賴母親而完成自己的任務，這種本領卻沒能傳授給女兒。

做女兒的還沒練好基本功，就在雜誌上學會偷吃步的料理。她們在超市找到高湯等綜合調味料，由於沒有經常思考自己想要什麼，因此當她們置身物質和資訊充斥的社會，便不知如何是好。

不過，這些女性不代表全體主婦。其實主婦的樣態很多，而趨勢則是表現在日本人從小吃到大的和食食材消費量下降。

根據總務省的家計調查，白菜消費量比昭和中期的最高點減少三分之二以上，地瓜和白蘿蔔減半，醬油也愈來愈少用，相較一九六三（昭和三十八）年的最高峰，二〇〇四（平成十六）消費量減少到三分之一以下。另一方面，製造商則是竭盡所能，推出即使開封也不會走味的生醬油，或者將一公升減少為七五〇毫升瓶裝，用各種方法挽回消費者的心，取代醬油的是麵味露、沾醬，每家戶一年購買這兩種的量，從一九九四（平成六）年開始往上攀升。

使用的調味料產生變化，說明懶得照自己喜好調味的人，已經成為現代的主流。

不管怎麼說，西式和中式等顆粒狀或固態狀的即時湯到處可見，咖哩塊也買得到。就算是吃和食，用市售高湯就好了。然而一旦用慣了綜合調味料，做什麼菜都要放，習慣市售的味道，就搞不清楚自己的口味了。

彷彿在印證時代的改變，大約從二〇一〇（平成二十三）年起，一罐搞定的綜合調味料大受歡迎，除了爆紅的食用辣油，淋下去就搞定的醬汁也成為熱賣商品。此外，二〇一一（平成二十三）年出版用可爾必思作菜的食譜，次年食品公司也紛紛出版用自家製品當作調味料作菜的食譜書，結果造成高人氣。對口味沒有主見的現代人，不是選擇自己習慣的味道，而是配合時下流行但沒有吃過的口味。

二〇一〇（平成二十二）年賣到缺貨的熱門辣油，推手是二〇〇四（平成十六）年創刊的主婦情報雜誌《Mart》。該雜誌的標題是：「生活要更像遊戲！」而其提議的家庭生活，是透過購買。

這本雜誌大部分是消費資訊，甚至有指定食材的供應店家，二〇〇〇年來自法國成為話題的家樂福，以及一九九九（平成十一）年來自美國的會員制好市多，都是販賣大包裝商品的超市，此外還有以進口食品為主的食材賣店Kaldi Coffee Farm，該店總經理是日本人，一九八六（昭和六十一）年開設第一家店，二〇〇〇年起，店鋪家數急速增加。

這些店的共通點是多樣化的進口食材，以下舉幾種二〇一二年六月號《Mart》介紹的好市多人氣食材。

義大利麵或是只要加料不必調味的「可果美，奶油白醬焗飯醬汁：肉汁奶油口味」、道地的咖哩醬料包「Mascot Foods 印度之味：咖哩醬中辣」、能作出道地義大利料理的「祕密之味」的「莎芭若乾燥牛肝菌」，都是製作外國料理的材料。只要有了這些，誰都做得出餐廳的味道。

《Mart》的讀者在這些店購買其他超市沒有的少見調味料和食材，享受新奇的稀有口味。《Mart》不斷推銷 Le Crueset 的鍋具，這是顏色鮮艷的法國製鑄鐵鍋，九〇年代由法國籍的食品生產者派翠絲・朱利安介紹，二〇〇三年出版的食譜《因為是 Le Crueset，所以美味的料理》，讓這種鍋子大紅大紫，特點是能煮出食材的鮮味，熱度分布均勻且加熱快速。

日本的廚房用品，少見Le Crueset 這種紅色、黃色、綠色、粉紅、橘色等明亮的色彩，由於極具設計感，即使連鍋子一起端上桌，看起來也很時尚。

翻開雜誌的對開頁面是煮飯的方法，介紹的是從外面買來配飯的菜，還有美美的盛盤。「知名燒肉店『炭火燒肉田村』賣的，有放肉的大蒜味噌」、「湯澤 Hotel Angel Grandia 越後中里」的「梅山牛蒡」，裝在 Le Cruеset 製造的心型小缽裡。買來的梅干或佃煮也是只要裝在小碟或湯匙，就顯得很有時尚感。

下一個對開頁面總算是料理。但是「肉鬆和毛豆拌飯」的做法，是把市售雞肉鬆和冷凍毛豆拌入剛煮好的飯裡，再加入蛋絲和四季豆絲而已。「鮭魚飯」是把烤鮭魚和炒過的芝麻混入白飯，上面再撒上青蔥，感覺不像在作料理。雜誌的後半部終於利用加熱簡單的優點，介紹滷豬肉、筑前煮、洋蔥牛肉燴飯、蔬菜湯，要燉或熬煮的菜。

《Mart》的讀者似乎不大擅長作菜，但是喜歡知名品牌的口味，因為學作菜很麻煩，所以《Mart》提議乾脆買現成的，再玩點小花樣。料理就像辦家家酒，二〇一二年六月號的便當專刊，更是大舉推出「完全不需要人物便當這種高難度技術」。

所謂的人物便當，是二〇〇五年從網路部落格開始流行，用食材做成《麵包超人》等人物的臉，給孩子吃的便當。人物便當重視的不是營養，而是視覺效果。二〇〇二年日本開始流行部落格，只要會打電腦，任何人都可以刊登相片和文章，由於部落格提供表現的機會，於是愈來愈多人會在上面張貼便當的照片留念。

《Mart》的便當專刊，充滿遊戲的心態，像是把白飯放入心型模型製作飯糰、醃黃瓜放入橘色或綠色的可愛「小小彩色蔬菜杯」、切成向日葵形狀的小香腸、夾碎牛肉排罐頭（SPAM）和日式雞蛋卷的彩色飯糰，和用玻璃紙卷的手卷。

重點不是做什麼料理，而是用什麼方式、鋪排在什麼容器裡。

營養均衡、個人好惡、吃不吃得飽，這些都無所謂。讓人說「看起來好好吃」的料理，比不上讓人說「好可愛」的料理，料理已經化為時尚的小工具。有這麼一說，《Mart》是以《女性自身別冊》創刊的。

一九七五（昭和五十）年，同樣以《女性自身別冊》創刊的還有《JJ》。經常請首都一帶和關西知名大學名媛擔任讀者模特兒的光文社，二〇〇〇年代掌握到的人生勝利組，依舊住在都市，他們都是有錢有閒可以玩樂過活的富裕階級，畢竟好市多的全國十三家分店，全都集中在都市。《Mart》是時尚雜誌，也難怪會搶先刊載都市以外的人所不知道的品牌和視覺影像。

二十一世紀初，時代潮流的引領者不再是單身的千金小姐，而是有孩子的主婦。主婦不再是已婚女性居多，就連單身女子和沒有孩子的女性也很多。由於有孩子的主婦人數變少，而顯得物以稀為貴。

不管怎麼說，經濟不景氣導致前途茫茫。很少主婦有閒情以輕鬆的態度教養子女，雖然育兒休業法施行已經二十多年，但是因為生孩子而離職的女性，還是維持在四分之三左右。雙薪家庭和單親媽媽變多，她們一面帶孩子一面工作，經濟和時間都顯得吃緊。

消費欲望高漲的主婦，在東西難賣的世代是相當寶貴的一群，她們在好市多買大包裝食品卻吃不完，以嘗試的心態購買進口食材，用各種裝飾品把餐桌弄得熱鬧滾滾，畢竟她們頂著母親的神聖光環，誰都不能說她們的不是。以為身為母親所以什麼都可以，驅使她們作出一些離譜的事。為什麼她們能這麼為所欲為呢？

平成版孩子們的餐桌

《Mart》的主要讀者群，為七〇年代出生、可以被稱為嬰兒潮第二代或小辣妹世代的女性，她們的母親生於昭和二十年左右。換言之，在她們出生的時代，大人為了生活而拚命，沒有閒工夫照顧孩子，之後在價值觀的巨大變化中長大，深深感覺沒有一種價值觀，是可以無條件相信的。到了養育孩子的八〇年代，她們成天窩在廚房精進廚藝，要不就是一面在外頭工作，回家又要搞定全家大小事而忙得不可開交。說的好聽是尊重孩子的自主性，講難聽點就是放牛吃草。

她們的女兒長大出社會的時候，正值經濟不景氣，結婚生子對任何人來說顯然都不是可能的事。

這群七〇年代出生，自覺受到上天寵愛的女性，不像六〇年代出生的姐姐，把作菜當成義務，而是對不會作菜的自己給予肯定，父母親也尊重她們照自己的意思過活，不但沒有人說自己的不是，就連雜誌都給予肯定，無論是做家事還是養育孩子，諸如此類的麻煩事都變成了遊戲。但是，這樣真的好嗎？

民以食為天，食物強健體魄。「代謝症候群」自二〇〇六（平成十八）年起成為流行語，這種包含肥胖在內的生活習慣病一如其名，是因為日常生活習慣而產生的疾病，甚至有致死的危險，而代謝症候群的主要病因之一是吃得過多。

市面上愈來愈常見的黏答答甜點和脆脆炸豬排，含有大量的油脂，就連便利商店的飯糰也有油。另一方面，零熱量的飲料中有大量添加物，食品添加物除了重口味，也很容易讓人上癮，保存期限長的醃漬食品和豆腐也是。食品添加物的原料，不是你我從小吃的東西，其中不少若長期攝取，安全性堪慮。飲食專家鼓勵大家親手作料理，並不是因為這是理想狀態，而是為了守護每個人的健康。

但是，至今介紹二十一世紀養育子女的主婦，不像其他世代那樣，意識到自己是守護家人健康的當事者。明明是在養育子女，但是對吃卻漫不經心，一副事不關己的樣子過日子，遊戲的態度生活，就是不認真生活。

遊戲的心態是動不動就放棄。老公失業，自己生病，孩子遇到變故，住的那條街遭受震災、颱風的災害，或發生火災。在面對類似非同小可的事件時，帶著半遊戲心態生活的家庭，能夠團結一致、克服困難嗎？飲食不健康的孩子，長大會如何呢？

二〇〇六（平成十八）年六月四日ＮＨＫ的特別節目《只想吃喜歡吃的東西》，將孩子們不為外人所知的飲食狀況，暴露在世人面前。

這個節目讓我們相信，普通家庭平日的飲食就不均衡，兒子不喜歡吃奶奶做的紅燒料理，於是從廚房端出豬肉蓋飯調理包，把洋蔥挑出來，其他的吃掉。過胖的少年到醫院跟大家住在一起，學習導正偏頗的飲食習慣。母親煮的食物有考量營養，孩子卻不聽話。不聽話的孩子、管不動孩子的父母，導致飲食習慣繼續偏頗。

有人懷疑ASATSU-DK廣告公司的調查對象代表性不足，於是大致檢查了一下餐桌，對於NHK的報導提到無法使孩子不偏食這件事，也只好承認。

一九八二（昭和五十七）年，NHK的「您知道嗎？孩子們的餐桌」調查，將孩子獨自吃飯公諸於社會大眾，之後於一九九九（平成十一）年繼續進行餐桌調查，將結果在《封閉的現代》播出後，整理成名為《您知道嗎？孩子們的餐桌：從飲食生活看見身心》（足立己幸，NHK《孩子們的餐桌》專案計畫）一書。

該調查以全國十八所小學的高年級學生為對象，請他們透過問卷，描述家中吃飯的情景，從調查的結果得知，不關心子女的父母並不少見，而原因不只是忙碌。

而且，不是因為住在都市才這樣。調查發現，即使是有許多大家庭的農村，大人也因為忙於農事，而不跟孩子一起吃飯。孩子用圖畫和文章，表現家人互不關心之下孤獨用餐的情形。結果發現，這種事對大人而言並不罕見：

「早餐吃泡麵。晚餐散壽司。但是，因為吃了很多甜食所以肚子不餓，吃晚餐的時候，爸媽在看電視。」

「今天的早餐吃味噌湯、白飯和草莓。我吃早餐的時候，媽媽在廚房，爸爸看報紙，沒有全家到齊吃早餐。」

孩子獨自進食的第一個問題是，父母沒有親眼看到孩子是否攝取營養均衡的食物。調查發現，父母不在家於是吃蛋糕當早餐的姐妹、獨自以白飯配麥茶當晚餐的少女，以及吃披薩當晚餐的少年。

還有些孩子幾乎不吃蔬菜。有些是不愛吃而剩下來，還有些是餐桌上根本沒有蔬菜。許多孩子獨自吃著營養極度不均衡的餐食。或許是因為營養不均衡，導致許多孩子因為不明原因而身體不舒服。

孩子獨自進食的第二個問題，在於食物的美味度減半。

孩子是在相親相愛的關係中成長，當孩子真實感受完全的愛人與被愛，就會長成能克服困難和忍耐孤獨的大人。孩子希望得到別人的理睬、想被人關愛，是因為渴求被愛，加上有很多話想跟家人說。如果其他時間跟家人在一起該多好。但是，每天卻獨自一人吃飯，孩子會有被愛、被守護的感覺嗎？能長成健全的大人嗎？

一九八二年發現的孤獨進食，是就讀國小高年級的兒童，也就是七〇年代出生的孩子，是接受「食Drive」調查的主婦當中，年齡層較低的一群，以及《Mart》的讀者世代。或許因為從小就獨自進食，她們對飲食毫無概念，因為父母不注意自己吃什麼，也就對自己的家人漠不關心。至於不具備料理的基本概念，或許是因為小時候從補習班回家或父母工作的時候，是一個人吃著準備好的東西長大的。

根據一九九九年的調查，有孩子表示已經完全習慣獨自進食，獨自吃飯反而比較快樂。這樣的孩子長大後，不知道能不能跟別人一起進食。

二〇〇二（平成十四）年九月二日出刊的《AERA》，有一篇「年輕人不愛吃正餐，亂吃個不停」的報導，指出年輕人只吃點心、吃飯不定時、不覺得肚子餓、對吃不關心。二〇〇四年根據厚生勞動省彙總的〈國民健康營養調查〉，發現三成年輕人表示不吃早餐。

二〇〇九（平成二十一）年《朝日新聞》七月六日的晚報報導，有學生由於不想被別人看到自己獨自吃飯而在廁所用餐，大學則張貼公告，禁止學生在廁所吃東西。某位大學教師表示，過去有助於大學生人際關係的飲酒會，如今也變得比較少，甚至有年輕人表示，跟別人在一起就沒辦法吃飯。

跟別人一起進食，可以藉機培養感情。吃好吃的東西，分享彼此高興的心情時，或肚子吃飽放鬆的時候，會對一起吃飯的人放鬆心防。俗話說：「吃同一鍋飯」，說明吃飯能聯繫人跟人的感情，如果不能跟別人一起享受進食的樂趣，與人親近的機會就會變少。

日本在經歷經濟高度成長期後，成為富足的國家，這裡買得到世界各國的食材，人們也知道如何用這些食材製作料理，並且吃遍世界各地的美食。過去王公貴族才享有的奢侈，如今輕鬆辦到。

另一方面，家庭的餐桌卻愈來愈孤獨。孩子獨自吃飯、偏食，就連大人也是。雖然親子一起生活，卻互不關心，在心氣不投和、彼此沒有愛的情況下養育子女。無論是昭和還是平成的家庭，表面是一回事，但其實是不懂得相親相愛，主婦連對自己的事都漠不關心，擺在餐桌上的菜餚也令人生厭。日本真的是富足的國家嗎？

廚房飄來味噌湯和剛煮好的飯香，媽媽叫著：「吃飯囉！」孩子們聞聲聚集，聽見媽媽說：「去擺碗筷」，便從碗櫥裡拿出碗和筷子。接著，全家一齊圍著餐桌，享用營養均衡的美味餐食。這樣的景象，說不定只不過是媒體中的虛構場景。

女孩的飯，男孩的飯

極受主婦歡迎的《花的懶人料理》

先不說有孩子的家庭。夫妻和孩子的小家庭已經不再是絕大多數，根據厚生勞動省的調查，二〇〇九（平成二十一）年的小家庭占所有家庭數的一八．五%，沒有孩子的夫妻二九．八%，獨居者占二三%。小家庭以外的家庭成為多數，因此在思考少子化和晚婚化日趨普遍下的飲食，不能忽略沒有孩子的單身者或已婚者。

二〇〇〇年代結束起，開始受矚目的女孩子飯、男孩子飯的分類，似乎反映這樣的時代變化。

當人們不受性別、年齡等社會分工意識的拘束時，男性成為男孩子，女性成為女孩子。

首先從女孩子的飯說起。《花的懶人料理》是給成年人看的少女漫畫雜誌《Elegance Eve》從二〇〇九年開始連載，且在電視上成為話題的原著暢銷漫畫。

駒澤花三十歲，在書店擔任兼職。老公五郎單身赴任，因此駒澤花一個人住在東京的公寓裡。見不到老公的生活頗為寂寞，但一個人也挺輕鬆自在。不說別的，整間屋子就像垃圾堆，脫下來亂扔的衣服堆到成山才要洗，衝動之下就買了衣服和郵購的便利商品。駒澤花是二十一世紀在各方面引起關注的「不會整理的女人」之中，代表性的人物。

但是，亂無章法的飲食習慣充滿自嗨的成分，不在意他人眼光的滿桌子懶人料理雖然是旁門左道，但是看見駒澤花滿臉通紅熱淚盈眶，鼓著臉頰說：「好——好——吃——哦」，令人不自覺想要模仿。

將高麗菜絲、起司條和罐頭鮭魚薄片，分別鋪在土司麵包上，再用烤土司機烤過，就是鮭魚吐司晚餐。或是把生蛋放在白飯上，從袋子直接夾千葉漬吃，就是只有主食的晚餐。當駒澤花買一百公克、兩千日圓高級牛排的那天晚上，她用布遮住攤在飯桌上的雜物，喝著紅酒，吃肉配飯。隔壁夫妻送的栗子懶得剝皮，不如轉送給很會作菜的店長太太。把馬鈴薯片當點心的那天晚上，她將巴西利的碎末撒在奶油白醬燉菜的調理包上，就這麼一道菜吃完晚餐。

十足就是這年頭的主婦樣，看似很會燉煮，還會把黏在鍋子上的咖哩塊稱作乾式咖哩塗在白飯上，直接用木杓舀來吃。至於濃湯，則是把丁香插在洋蔥上，連牛肉厚片和月桂葉都放進去，看起來一塊一塊的。

花對於燉煮的熱情，和她平時偷工減料的飲食方式差異過大。如果考慮前一段「昭和後半期出生者的餐桌」的實際狀況，她或許可說是典型平成時期的主婦。

老公下班回家時到外面吃，學生時代的朋友來訪時，兩個人叫披薩來吃，看不到駒澤花展現廚藝的時候。因為嫌作菜麻煩，所以會想用「跟別人吃飯」當藉口來偷懶。平常準備餐點時，會像是鼓舞自己似的自言自語，例如製作現成的白菜培根鍋而覺得很累的夜晚：

「把白菜……像這樣切細細，培根一切成三，這個培根也是新年的時候，跟五郎在成城石井買的好料呢！」自言自語一陣子，接著面對培根，說道：「好料呦……你啊，真的是好料……現在要把你加熱囉。」

「狠狠把鍋子裝滿料。放料的時候，把培根夾在白菜葉中間，再隨意把清湯淋在中間哦。怎麼樣啊？這種滿滿的感覺，早上的埼京線也是一片深藍色！」就這麼一面開玩笑，一面作料理。駒澤花被自己努力製作的料理療癒。

繼續讀的過程中，漸漸明白看似無厘頭的駒澤花，其實也考慮營養均衡與否的問題。書中經常出現切菜的情節，但是仔細一想，即使老公不是單身赴任，很多主婦也會在老公加班或中午家人不在時獨自吃飯。和懶惰的駒澤花心有戚戚的主婦，透過這本漫畫，學會比用現成品更簡單就親手作出的健康料理，二〇一一年甚至出版食譜書。

平成時期的主婦嫌作菜麻煩，可能是因為無論媒體、周遭的人，甚至是主婦本人，每個人做的家庭料理水準愈來愈高的緣故，這時候料理媒體反覆不斷介紹簡單料理的食譜，同時卻要主婦多做幾道功夫菜，每天更換菜單，以免家人吃膩。《花的懶人料理》除了對全年無休的主婦們的辛勞表示同感，也告訴大家，就算不是每天認真作菜也無所謂，覺得好吃才重要。

食譜部落格

不同於主婦，沒有義務感的年輕單身女性或許會享受作菜樂趣，其中二十二歲出道的食譜部落客史織，是深受年輕世代熱烈支持的料理研究家。她的暢銷書《想做給他吃的飯》系列甚至出版六冊。

二〇〇七年出道的史織，生於一九八四（昭和五十九）年，就讀短期大學時期遇到就業市場不景氣而屢遭挫敗，於是思考自己真正想做的事，決定去擔任食品協調者（food coordinator）。

所謂食品協調者，是二〇〇〇年代對料理研究家的普遍通稱，除了發表原創食譜，有些人也會參與餐廳食譜的開發等業務。

從小學生時期就喜歡作菜的史織仰慕栗原，在料理學校學習時，受老師賞識而成為助理。在此同時，史織向時尚雜誌提企劃案而被錄用，當史織向寶島社提出書籍企劃案時，對方希望能先讓讀者認識她做的料理，史織於是開設食譜部落格，不久就大受歡迎，幾個月後出道。

史織順利出道，很大的原因是年輕人漸漸養成習慣，在網路搜尋作菜的方法，加上有CookPad之類食譜專門網站，於是一有多餘的食材就上CookPad搜尋，有想要嘗試的料理，也上網搜尋，當某個部落格刊出自己喜歡的食譜，就訂閱它。史織能夠從部落格出道，是因為有部落格文化的緣故。

《靠食譜部落格實現夢想的人們》一書，彙整七位以食譜部落格出道，爾後成為專業人士的故事。

史織在書中敘述的願景，非常簡單明瞭。首先是二十二歲出版食譜書，以及她所建議的料理，要讓不是主婦的年輕世代想去做，史織談到她的料理多半是既有的菜色：

> 當我說：「女孩們開始作料理囉！」的時候，也需要有勇氣挑戰沒吃過的味道，不是嗎？如果是第一次嘗試的味道，就算是按照食譜做，也不知道做的對不對。
>
> 先從吃慣的菜色開始，無論是味道或外觀都很容易想像，重現美味的時候超感動！如此一來，會覺得作菜愈來愈有趣，而會愛上作菜。

以上讓人回想起小林勝代出道時說的話。任何時代，喜歡料理而成為料理研究家的人，想的都是同一件事。

咖啡館簡餐的風格

史織在《想做給他吃的飯》書中，以自己的可愛風格展現西洋味。如果把她這本融合日式、西式和中式的食譜書，想成是咖啡館簡餐的話，或許比較容易理解。

所謂咖啡館簡餐，是把白飯跟主菜、沙拉放在一個盤子裡的餐點，亦即大人版的兒童餐或定食的概念。九〇年代後半起，以咖啡館為名義的新型餐飲業者，在市區快速崛起，共同點是消費門檻大眾化，且待在店裡很舒服。咖啡館大致分成三種形態。

第一種是以星巴克為首的連鎖咖啡館。一九九六（平成八）年進入日本的星巴克，特點是用正統的方式沖泡咖啡，和充滿設計風的空間。

同一時期陸續開設的是歐式露天咖啡館，有大扇玻璃窗，自然光充足，或是店門前排了一些桌子。第二種咖啡館既不是傳統喫茶店也不是餐廳，和速食餐廳也有稍許不同，以格調為賣點。

最能展現舒適度的咖啡館要屬於第三種。這類咖啡館不是花錢改裝老舊建築的一部分或住宅區的民宅，而是採取時尚感的空間設計，窗框和牆壁塗上紅、藍、黃等色彩豐富的油漆，店門前放一片黑板，上面寫著午餐菜單，有些店會擺設屏風或觀葉植物來營造東南亞風，店內擺放各種不同設計的桌子和椅子，也放置沙發和木椅。說不出屬於哪一種風格，是根據老闆喜好規劃的空間，好像是去參觀某人的屋子。

以上咖啡館端出的料理概稱為咖啡館簡餐，像是使用白蘿蔔和酪梨的民族風沙拉、五穀飯外加份量十足的肉類料理，不屬於任何國籍的料理風格，說它是亞洲風，卻又有點西式，但也使用乾燥食材和根莖類植物等日式料理的素材。

從高度成長期以後，大量吸取各國食物後融合而成的日本風料理，在咖啡館簡餐進化完成。

咖啡館簡餐包括過去以來的和食、在經濟高度成長期大量進入日本的洋食和中華料理，以及使用八〇年代後進入日常飲食的辛香料和橄欖油，作出來的道地法國、義大利、民族風料理，還有將食材做意想不到搭配的無國籍料理風。換言之，咖啡館簡餐是累積許多味道，在日本誕生的新種和食。

除了日本的食材，咖啡館簡餐也將世界各國的食材和調味料加以組合。風味和口感的變化帶來樂趣，也兼具營養均衡，其中也有高熱量的菜色，但由於份量不大，因此基本上符合健康養生，而且主食以米食居多。加了醬油的醬汁，白蘿蔔乾絲的沙拉，為傳統食材加入新巧思。

有些店家以有機蔬菜和五穀飯等健康養生為賣點，五穀飯在戰後糧食短缺時代，是貧窮農村平日吃的食物，二〇〇〇年代後，人們發現五穀飯是富含礦物質的健康食材，於是業者紛紛打出各自的品牌，生產容易入口的五穀飯，從而進入一般家庭和餐飲店。

咖啡館簡餐在二〇〇五年之前進入最熱門時期，書店銷售許多這方面的食譜書，NHK《今日的料理》二〇〇〇年十二月號也製作「年終年初輕鬆好吃一盤搞定的簡餐」特集。

內容是，「鹽烤豬肉＋高麗菜飯＋芋頭湯」、「日式南瓜咖哩＋速成醃蘿蔔」、「水煮肉丸＋綠花椰菜沙拉＋榨菜雜炊」、「紅酒燉雞肉＋番茄青椒沙拉＋洋香菜飯」、「菇菇湯＋白蘿蔔蕎麥麵＋鴨兒芹拌醃蘿蔔」。說穿了，只要用一個盤子盛裝，任何東西都成為咖啡館簡餐。

史織的女孩食譜

回到史織的著作《想做給他吃的飯》。首先介紹的是，部落格上最受歡迎的三種菜色。「砂鍋燉雞」是把煎過的雞腿肉，連同切細的蔬菜和菇類、水煮番茄罐頭和高湯一起燉煮的料理，照片中還有五穀飯和嫩葉沙拉，以咖啡館簡餐的風格擺在一個盤子上，五穀飯先放在碗裡再倒扣，感覺像是做給孩子吃的中飯。

接著是「用烤土司機製作簡單的雞翅」。將雞翅放入鋪了油紙（為了便於挪動）的烤土司機中，配上對半切的檸檬。語帶開心的副標題，讓人躍躍欲試：

用烤土司機，一下子就做好的輕鬆料理。不必油炸，不需用碗和長筷子，是這道料理的魅力。住在小套房也能做，超輕鬆的！

第三名是乾式咖哩。照片正中央，用小紙杯隔開的盤子上，堆滿討喜的咖哩，咖哩上面蓋了一顆生蛋黃。

挑戰過這道料理的讀者，在部落格上發表開心的經驗談。以下介紹其中一部分：

我做了史織醬的乾式咖哩哦！有夠好吃的，大家都好開心。被稱讚好吃好吃，真的好高興呦。

史織的食譜有個特點，就是會附上「史織的建議」，這是她為了讓初學者能輕鬆理解，而用年輕人用語來解釋的專欄。接著來介紹咖啡館簡餐風格造型的和食菜色，和史織的建議：

料超多的豬肉味噌湯（湯裝在畫了可愛花卉的碗裡，擺在素色的午餐餐墊上）：

使用的蒟蒻要去除澀味，如果還沒去除澀味，要用滾水快速川燙哦！至於其他的料，跟你家冰箱商量一下，隨自己喜好放入也OK。放入地瓜和南瓜顏色更鮮豔，味道更甘甜，好吃呦！

馬鈴薯燒肉（使用跟豬肉味噌湯同一只碗，加上一根木湯匙，放在木板上）：

把調味料分兩次加入更容易入味，美味升級！雖說每個鍋子的容量都不同，但是在製作馬鈴薯燒肉的時候，加入高湯和調味料，水的份量要剛好淹過材料哦！

史織的原創性，在於她不只教作菜，造型也很討喜，並且使用貼近料理初學者的親切語言來解說。

二〇〇〇年代初，運用符號給人時髦感的手機電郵開始普遍，幾年後手機電郵世代的文章，語氣就像這樣的溫柔。史織用跟朋友說話的語氣，彷彿和讀者一起站在廚房般，充滿臨場感。

具備手機電郵時代的時尚感和文章，即使是不熟悉的古早味還是新口味，都能開心吃下肚。這本書讓更多女孩子覺得，一面想像心愛的人開心的樣子一面作料理是件很棒的事，因而開始走進廚房。

不同的年齡和世代，經驗和興趣也不同。中高齡者認為，餐桌是神聖而不是遊戲的地方，然而史織的著作或許把年長者的想法擺在一邊。這本書的設計、文體和調性，對昭和時代的人來說簡直無法忍受，書本採用記號的方式寫成，史織的書彷彿是向手機電郵世代的人們說：「這是我們的書喲」。

經濟高度成長期的新手主婦閱讀《主婦之友》，八〇年代的年輕主婦人手一本《橘頁》，到了二〇〇〇年代，與上述女性同年齡或年輕一點的女性，則是購買《想做給他吃的飯》。

鎖定初學者的《今日的料理》

現代有不少年輕人因為工作或求學，而離開家鄉獨自居住，因此愈來愈多人想做一人份的料理。無論男女，因為什麼都不會，所以站在廚房裡感到不安，加上人們愈來愈晚婚，一個人生活的時間變長，也有些人厭倦了外食和便利商店的食物，或者為了健康而必須開伙，有愈來愈多媒體，會為因為各種理由而下廚的男性加油打氣。

NHK把目標鎖定初學者。比《想做給他吃的飯》出版早半年的二〇〇七年四月，《今日的料理》請來阿嬤級的人物解說，以五分多鐘的時間介紹簡單料理。同時，《今日的料理初學者》創刊，刊載比電視解說更詳細的食譜。

創刊號的特集是春季的蔬菜。標題「首先來了解『正當令』蔬菜」的文章，介紹春高麗菜、新馬鈴薯、甜豆莢、青豆、豌豆仁、綠蘆筍、新洋蔥，並介紹食譜和挑選蔬菜的方法。

切的方法也教。附上照片，教導讀者什麼是切細絲、切絲、切成短薄片、切成楔型、切成短棒子、剁碎等等，也介紹川燙的方法，以及把食材用光的食譜。

解說之餘，也介紹簡單的料理。春季高麗菜拌味噌、蠔油炒蘆筍、蒜片鰹魚沙拉、用微波爐蒸高麗菜和香腸、川燙馬鈴薯拌奶油和醬油，用一種蔬菜烹飪的簡單食譜，品嘗當令的美味。

《今日的料理》在一群熱中研究的主婦支持下一路走來。一方面傳授基本概念，也有法國料理、日本料理的權威傳授高級技法，精緻的應用料理也很多。涵蓋層面像教科書般廣泛，大膽地降低料理門檻，而且是鎖定單身初學者。儘管這個節目是以全家齊聚吃飯為前提，但也開始教導讀者一個人健康過生活的料理。

資料顯示，年輕世代不吃早餐和蔬菜攝取不足等偏頗的飲食習慣，而NHK有心想改善這點。另一方面，這個現象也反映這時代連最基本料理技術都不具備的人，已經多到無法忽視的地步，因此《今日的料理》從基礎開始，將料理的樂趣傳遞給大家。

城川朝連載的特集《可以冷凍的晚餐》就清楚看出這點。讓我們來看看副標題：

不豪華也沒關係，菜色不豐富也沒關係，不靠便利商店的熟菜或速食食品，自己做的「我家的味道」，疲憊的身軀也變輕鬆。忙碌的你，用可以冷凍的晚餐當作健康宵夜！（二〇〇八年二月號）

菜色包括：羊栖菜煮物、蘿蔔乾絲煮物、漢堡排、炒飯等家常料理。還有建議冷凍白飯配燒烤鮭魚，或蓋上明太子或吻仔魚。

《今日的料理》很快也針對烹調器具很少的人製作特集，二〇〇八年三月號的「簡單又方便，用一只平底鍋做春天的和食」特集，副標題是這麼寫的：

在各種調理器具中，每個人最先買的就是平底鍋。炒和煎當然不在話下，煮和燙也很容易。也很適合用來做和食。

介紹的食譜，是用平底鍋居然就能做的和食家常菜，如：紅燒金目鯛牛蒡、薑燒牛肉、燙煮水菜和杏鮑菇、油炸醃雞排、紅燒生薑油豆腐、照燒馬鮫魚、生薑燒豬肉、涼拌蘆筍和土當歸、油菜花拌白芝麻。

這一連串讓人聯想到阿嬤的菜單。到底年輕人會不會喜歡還未可知，然而更重要的是，NHK以家庭料理後繼無人為前提而開始做的事，說明了問題的急迫性。如果媒體不教大家，這時代或許會有人從此就不再吃自古以來日本人吃慣的和食。

健太郎製作的男孩子飯

二〇〇八（平成二十）年，民營電視台開始播送以男性為觀眾群的料理節目——星期天上午十一點二十五分起半小時的《太一和健太郎的男子飯》。國分太一扮演助理，由人氣料理研究家健太郎教作菜（後來健太郎因為受傷，二〇一二年八月起，由栗原春美的兒子栗原心平接棒）。

在自然光照射的明亮廚房中，太一不時插話，以不熟悉的手勢幫忙，健太郎愉快地做著料理。作出來的菜，在面對東京灣的寬闊露台上享用。兩人看起來既開心，東西也好吃，不久該節目就大受歡迎，二〇〇九年出版第一本書《太一和健太郎的男子飯》成為每年再版的暢銷食譜。

一九七二（昭和四十七）年生的健太郎，是八〇年代風靡一時的小林勝代之子，就讀武藏野美術大學時，以插畫家聞名，最後還是以從小耳濡目染的料理入行，二〇〇〇年代以銳不可當之勢，躋身為料理研究家。

國分太一是年紀比健太郎小兩歲的偶像明星，擔任運動節目的主持人，也是綜藝節目的常客，其中的熱門節目《鐵腕DASH》，是他所屬的東京小子（Tokio）在鄉間自給自足生活的成長期紀錄片，《太一和健太郎的男子飯》中的國分太一，從企劃開始參與該節目。

國分太一和健太郎都是三十多歲的男性，事實上這是該節目最大的強項，當觀眾從媒體的人物中找到和自己的共通點，就能夠產生共鳴，就好比《花的懶人料理》之於懶得作菜的主婦，以及史織的食譜之於年輕女性，都是因為作者與自己的形象重疊，讀了以後才開始下廚。

《太一和健太郎的男子飯》想告訴觀眾，即使身為男性，也可以從吃自己做的料理中獲得樂趣。

該節目的攝影，採取以天光照射的自然氣氛，彷彿是到某人家去參觀，或是受兩位主持人邀請般舒服自在。節目不僅介紹作菜的程序，兩人也會閒話家常，健太郎還會因為不小心而意外失敗。與其說是健太郎在教作菜，比較像是和朋友一同享受作菜的樂趣。

《太一和健太郎的男子飯》故意不採取刻板方式，讓人興起想作菜的念頭，接著引用其中一部分的對話，這是二〇〇八年八月三日播送的單元，介紹宮崎縣知名的味噌冷湯：

健：「（從鍋中取出熬煮過的柴魚片）這個如果是在料亭之類的地方，就會立刻丟掉，但是我要擠一擠（健太郎說畢，從取出的柴魚片擠出湯汁）。」

太：「啊！熬高湯很重要是不是？但是，竟然來這麼一招。」

健：「因為這裡面有很多湯汁的精華啊，非常的濃郁。不過有人說會有澀味什麼的。」

太：「料亭的人看到的話，會說：『健太郎這小子！』吧。」

健：「就是說啊，例如『不可原諒』之類的話。」
太：「會說邪門歪道是吧？」
健：「會說：『那傢伙根本什麼都不懂』（格調突然變低）啊！懂三小朋友，之類的。」
太：「（爆笑）什麼都沒說（笑），根本沒人在說好不好（笑）。」

從這段對話透露，即使在男性世界，也感受到來自上個世代的強大壓力，後者認為料理應該中規中矩才對。這個節目給人新鮮感，是因為太長久的時間，一直用教科書般圖解的方式教作菜，因為太過正確，導致缺乏自信的年輕世代對作菜敬而遠之，而健太郎因為身為男性，因此能打破這個舊思維。即使到今天，女性依然被迫朝著賢妻良母的目標努力。

東京電視為教作菜開了一扇新的大門還有一個理由，那就是從《料理的鐵人》開始，娛樂性的料理節目所累積下來的成績。

其中作為伏筆的，應該要屬一九九九（平成十一）至二〇〇八（平成二十）年播送的《愛的圍裙》。主持人是城島茂，曾經擔任《料理的鐵人》導播的田中經一也參與該節目。身穿粉紅色圍裙的女性藝人，在只被告知料理名稱的情況下，要從許多食材和調味料中選出要用的材料，在四十五分鐘內作出菜，然後接受服部幸映等評審的評判。因為沒有食譜，就考驗一個人的料理經驗，即使是知名歌手，也要接受毫不留情地批判。

《愛的圍裙》一開始是深夜節目，讓觀眾見識到女藝人是多麼不會作菜，而且不斷出現因為想法太天馬行空，讓人難以下嚥的辛辣場面。用粉紅色的圍裙，來諷刺社會上把女性、愛情、很會作菜畫上等號的成見。但是，從節目中開始學習烹飪技術的青木莎也加、坱凌等人的手藝愈來愈高明，加上男性也加入戰局，使得該節目最後以技術的競逐結束。

接替《愛的圍裙》的，就是《太一和健太郎的男子飯》。

節目介紹的「男子料理」，跟昭和後半流行的「男人料理」不同，雖說沒有花大量時間金錢的豪華感，卻都是可以每天吃的料理。

太一和健太郎做完的料理，是他們的午餐。節目的重點是介紹大家營養均衡的菜色，以及食譜通常不會寫的料理小祕訣——「健太郎的重點提示」。由於設定的觀眾群為料理初學者，因此提示的重點非常仔細，跟《想做給他吃的飯》相近。例如二〇〇八年六月二十二日播送的《番茄煮花枝，大蒜馬鈴薯》的說明如下：

番茄煮花枝的「健太郎的重點提示」：

大蒜不要用菜刀切薄片，要用木頭鎚子拍碎。

太：「拍碎的用意是？」

健：「大蒜斷面不規則，更能吃出風味。還有因為沒有完全煮化，也可以把它當成材料的一種來品嘗。」

大蒜馬鈴薯的「健太郎的重點提示」：

太：「為什麼不把皮削掉？」

健：「帶皮吃比較鮮美，不知道是不是因為有土味，讓馬鈴薯的風味更加濃郁。」

從男性觀點不斷提出各種根據，讓實事求是的男性也能接受。看似美味而引發食欲的標語，最能讓觀眾看了節目想動手作，接著把這個節目介紹的菜色連同標題，擺在一起來看看吧：

這個季節想吃的魚，還是剛上市的鰹魚吧！用大塊的淺烤鰹魚，做成義大利菜和中華料理。

剛上市的鰹魚義麵、中式淺烤鰹魚。

把肚子裡滿滿魚子的鰈魚，做成多汁的紅燒魚吧！無須花費很多時間的三菜一湯和食菜單。

紅燒鰈魚定食、紅燒鰈魚、蕪菁涼拌鱈魚子、蘿蔔葉拌吻仔魚、海苔豆腐味噌湯。

湧出大量美味的肉汁！絕不失敗，小林家祕傳的速成漢堡排。

漢堡排、毛豆冷湯。

告訴觀眾，想吃就做做看，吃好吃的東西。想做、想吃，也是作料理的一大動機。

儘管如此，不再把下廚當成義務後，作出來的料理竟然充滿創意的樂趣，而吃東西也是樂趣。當讀者學會料理研究家建議的料理後，不由得也朝向健康的飲食生活邁進。

漫畫《昨日的美食》的食譜

漫畫界中，也有介紹男孩作菜的作品，那就是二〇〇七在青少年漫畫雜誌《早晨》（モーニング）連載的《昨日的美食》，作者吉永史一九七一（昭和四十六）年生，作品經常出現同志。被拍成電視連續劇而引發話題的《西洋古董洋果子店》中，嶄露天才般技法的甜點師傅也是同志。

主角筧史郎是長相英俊的自戀律師，神經質且一絲不苟，父親是認真的上班族，母親是家庭主婦，他們努力接納出櫃的獨生子，然而平凡的雙親表現的可憐樣，令史朗感到痛苦。書中也描繪出生於昭和後半的人們與父母間的歧見，然而他是用滑稽的方式描繪充滿緊張感的親子關係，似乎在說，這年頭親子不和是家常便飯。讓人感受接下來勢將鼓起最大勇氣，才辦得到「出櫃」這件造成雙方爭執的事。

和史朗同居的愛人矢吹賢二是美容師，有暴力傾向的父親偶爾回家，他從小跟著母親一起生活，經歷過種種不幸的賢二，和原生家庭幾乎沒什麼聯絡。

漫畫《昨日的美食》透過這兩人，描繪二〇〇〇年代後中年人的真實生活。男同志和女同志往往被投以異樣眼光，他們就像夫妻般，只是沒有孩子。也有單身者。擁有相同特質的人很多。

平常負責作菜的是史朗。他過著規律的生活，在固定時間結束工作，以尋找便宜的食材為樂，跟《天才柳澤教授》中的教授有異曲同工之妙，擔心老後無子可以依靠而拚命攢錢，努力過著節儉的生活，收入應該不少，生活卻很平民。

史朗沒辦法作菜時，就由賢二來做，他認為與其考慮健康養生，不如吃自己喜歡吃的東西。雖然笨手笨腳但喜歡調皮搗蛋，讓史朗有點受不了，喜歡高熱量食物，常常花零用錢買喜見達（Häagen-Dazs）冰淇淋。

史朗和賢二經營共同的生活過程中，做晚餐和吃晚餐的場景占了故事的一半。讀者可以把《昨日的美食》當成是漫畫版的食譜書，也可以視為描寫日常小事的戲劇作品。由於沒有談情說愛的場面，也可以當成窺探中年夫妻家庭生活之作，朋友說史朗「不像男大姐，比較像個婆婆」，是個中規中矩的男人。

史朗很認真，端上桌的必定是三菜一湯，說來說去還是做和食拿手，因為擔心代謝症候群，所以控制熱量，以蔬食為主。菜色豐富，雖不使用雞湯粉，倒是常用麵味露。史朗知道這樣的飲食並不是百分百養生，所以當他邀請講究食材的同志情侶吃飯，而不得不下廚時，就會不知所措：

「怎麼辦哪。連調味料都要用有機的傢伙，給他們吃我用麵味露和雞湯粉做的料理，可怎麼行啊。」史朗對請客的菜單煩惱不已，最後決定：「老子竟然為這種事心慌！就跟往常一樣用麵味露和雞湯粉唄！老子決定給它用下『企』！」

這一幕充滿對過度講究安全飲食的批判。話說回來，就連高湯這種和食的基本技術也有有機版本，即使認真的史朗每天都會做好幾道菜，但這年頭的人畢竟是不熬煮高湯了。

這一晚，史朗準備的料理有：茄子和匈牙利紅椒粉的炒煮、鮭魚和雞蛋小黃瓜壽司、綠花椰菜和梅肉芥末美乃滋、蕪菁香菇燴蝦子，以及前一天做的「筑前煮」。雖說廚藝高超，但還是使用了麵味露和市售的白高湯。

還有一天的菜色有：五目飯、豆腐煮肉、乾煮高麗菜培根蛤仔、涼拌韭菜豆芽芝麻、朴蕈和鴨兒芹味噌湯、中式雞肉炒蘆筍、大豆煮羊栖菜、新洋蔥拌柴魚片和吻仔魚，以及馬鈴薯海帶芽味噌湯。大豆是使用乾煮的罐頭。標準的和食菜色很多，有時也會端出西式料理，像是豆子蔬菜湯、明太子義大利麵、胡蘿蔔芹菜馬鈴薯沙拉。

每天更換菜單，所以菜色種類很多。史朗是擅長廚藝的主婦，但是把主婦放在主角的位置太過普通，一來這是男性雜誌，再者對那些知道自己不擅作菜的讀者來說，廚藝精湛的主婦令他們不舒服，而且很有距離感。但如果是帶有「婆媽氣質」的同志，不但新奇而且可以贏得讀者的共鳴。

這樣的人物設定，看出昭和後半出生的吉永史也受夠了把主婦和「擅長作菜的女性」畫上等號，《昨日的美食》藉由史朗對料理的態度，強調「平凡」這個概念，包括不熬煮高湯，以及選擇食材的標準是便宜。吉永史要呼籲讀者，即使不是女性、不是主婦，成年人作菜也是理所當然的事。

史朗之所以中規中矩，是因為他有賢二這樣的伴侶。

賢二跟上班地點的店長吃飯，史朗必須自己用膳的時候，晚餐就以義大利肉醬麵和剩菜煮蘿蔔干絲打發。這時史朗心不在焉地想著：

這麼說來，一個人還真孤單呢。晚餐頂多是義大利麵加水煮花椰菜，咖哩也是配水煮花椰菜。跟賢二一起生活，所以我才要每天一道一道菜的做啊。啊……這麼想來，賢二的存在還真是有益健康呢。而且那傢伙不挑嘴。

儘管夫妻經歷許多事，然而繼續共同生活，未必只是因為愛情。這本漫畫看似描寫平淡的日常生活，也讓讀者注意到究竟什麼是生活，以及在經營麻煩事不斷的共同生活時，可能引起哪些事。

兩人意見不和而鬧彆扭的第二天早上，賢二要求史朗做漢堡排，而且洋蔥不要先炒過：

「這種放很多洋蔥，吃起來脆脆的漢堡排，我超喜歡的，在店裡都吃不到。」史朗看到開心的賢二，不禁嘆道：「開心得像小孩似的……是啊，用這種方法和好。第一個教我這麼做漢堡排的就是他呀。」

無論如何，沒有正式登記成為夫妻的同志伴侶，共同的生活沒有保障，也沒有孩子作為橋樑。如果發生嚴重爭吵導致彼此疏遠，很容易就無法繼續共同生活，兩人都知道這點。

隨時有可能拆夥的兩人，聯繫彼此的是考慮兩人健康和喜好而烹調的一桌子菜餚。在外面吃不到，只有在家才有的口感、味道和食材組合的樂趣，以及可以分享美味的同伴，再加上日復一日圍著餐桌吃飯，彼此的牽絆日益加深。換言之，夫妻繼續在一起，未必是因為有孩子，這道理也適用於現代的異性伴侶。

發現慢活

食品造假的時代

二〇〇〇年後發生許多事，令我們思考「吃」的意義。第一件是食安問題。二〇〇〇（平成十二）年，雪印乳業大阪廠的低脂牛奶引發食品中毒事件。這起發生在最大乳品製造公司的事件，令人不禁懷疑食品生產場所的衛生。但是這在往後層出不窮的食品問題中，只是冰山一角。

次年，日本發現第一起狂牛症。這種病起因於將肉骨粉當作飼料給吃草的牛。原來這是在一片提高產量的呼聲中，讓牛採取同類相食的做法所導致。此外，九〇年代中期起，來自中國的蔬菜進口量逐年增加，二〇〇二（平成十四）年，檢出中國生產的菠菜和毛豆農藥殘留超標。

二〇〇〇年代後半陸續出現的問題，令人懷疑食品的生產過程。其中釀成大問題的是，二〇〇七（平成十九）年食品加工公司Meat Hope，長年將組合肉加以偽裝販賣，同年該公司被迫宣告破產。

次年，中國製的冷凍餃子引發食品中毒事件，導致有半年多時間，超市以打折促銷原本熱賣的冷凍商品，卻還是乏人問津。業者為求低成本，於是轉往人工成本便宜的海外生產加工食品，也因此熱賣的冷凍食品，多半是在中國的工廠製造。

儘管包餃子只需要花點功夫就辦得到，在餐館也很容易吃到，然而只要有了便宜又方便的冷凍餃子，不但省錢，又可以充當餐桌上的一道菜。這個事件，源自於禁不起這種誘惑的消費者，對於吃這件事的漫不經心所造成。自稱造成這起事件的犯人在中國遭到逮捕，然而真相依然不明。

同一年，工業用的進口米，被發現摻入工業樹脂「三聚氰胺」。這起事件讓我們知道，日本是稻米進口國，以及各種食品都會用到進口米。由於進口的途徑太複雜，事情真相還不清楚。

在這全球化的社會，食品買賣在世界各地進行，食物到底是怎麼製造的、有什麼成分，想徹底管理近乎不可能。由於不是面對面進行交易，隨時都有可能因為輕信對手而陷入危險。消費者究竟憑什麼相信「銷路好的食品就安全」？接連發生的事件，從根本撼動企業的可信賴度。

接著是二〇一一（平成二十三）年東日本大震災，以及隨著這場巨大天災而來的人禍——輻射外洩，這些的確動搖了日本人民生活的基礎。雖然開發替代能源和非核家園都是必要的，但在此之前，應該探究人們用電過度的生活方式。

冷凍食品等熱門加工食品，多半是在高經濟度成長期變得普遍，而進入日常飲食的費工料理。話說回來，做起來費事的料理，真的有必要每天吃嗎？

無可否認，當生活少了廉價勞力的便利，將使我們失去豐富性，然而如果不改變這種犧牲某人甚至自己，而造就的方便且過度有效率的生活，社會將難以繼續運作。

食安問題逐漸遠離你我的記憶，震災或許也已經被淡忘，無論多大的事件，都會因為每天的忙碌和新事件而不再受重視。但是，這些確實改變人們的想法，社會也因此開始動起來。

就我們所見的，國家和企業開始將食品標示得更詳細，包裝盒上必須清楚注明肉類和魚的生產地，也有業者明確標示蔬菜的生產者姓名當作賣點。狂牛症事件發生後，開始將產地到商店的履歷作為公開資訊，供大眾追溯。

慢食熱潮

因為二〇〇〇年的非小說類暢銷書《慢食人生》（島村奈津著），使得慢食熱潮讓消費者更加關注食安問題。在此之前一年創刊、以生態為主題的月刊《SOTOKOTO》支持該書和作者，反覆製作慢食的特集。以慢食為賣點的餐飲店家櫛比鱗次，反省現代人的忙碌生活成為一種流行。

《慢食人生》的主旨，是透過一九八六年義大利成立的慢食協會所舉辦的活動告訴讀者：守護鄉土飲食文化，以及製作起來費時費事但卻安全的傳統食材，是當今的潮流。

工業化大量生產的飲食遍及世界各地，其象徵就是速食。不是享受與家人朋友的共餐時光，只要補充熱量就好了，像這樣的孤獨進食也很普遍。慢食活動的宗旨，是透過「吃」這件事，重新檢視被工商業操縱，而過著貧乏人生的現代人生活。

慢食協會舉辦各種活動，目的是將工業化導致不斷流失的地方飲食文化傳給下個世代，並支持保護傳統飲食文化的人們，像是：不使用化肥，而是透過改善生產方式提高品質的紅酒釀造專家。一群脫離社會的年輕人，在神父指導下製造極品的山羊乳酪。住在農家，吃現採食材的農家生活體驗，以及開設味覺教室的國小。此外，協會也提出那些活動的問題。

島村在義大利採訪多位相關人士後，在後記寫道：

> 所謂的慢食，是透過從嘴巴進入的食物，慢慢地重新檢視自己和這個世界的關係，檢視自己和朋友、家人、社會、自然，以及和整個地球的關係。這過程或許能讓我們走出迷宮，發現新世界。

慢食掀起的熱潮沉寂了兩、三年，然而這個流行成為潛藏在人們心中的欲望——想選擇安全的食品、想過悠閒自在的生活——從而引發具體行動。

二〇〇〇年代，媒體積極報導保護傳統食材的人們，包括堅持用傳統工法製造日本酒、味噌、麻油和醋等調味料的業者，以及發掘京都、加賀各處的傳統蔬菜，並予以復育的廣大群眾。

人們漸漸買得起標榜安全和有機的商品，這點或許也是很大的改變。二〇〇〇（平成十二）年，日本針對有機食品制定標準，超市也開始賣起無農藥蔬菜和有機蔬菜。標榜用有機食材或無添加，以傳統工法製造的醬油、醋、食用油等調味料，也和大型製造商的長銷商品一起陳列販賣。

二〇一二（平成二十四）年，小農超市的蓬勃發展成為矚目焦點，販賣的是與產地和生產者直接簽約生產的食品。自五〇年代開設第一家超市以來，如今飽受惡性競爭的業界，也有多家跟當地關係緊密的小農超市，有些業者為了對抗在價格競爭上占優勢的大型業者，於是聚集了更優質的產品改頭換面，業績也因此大幅成長，證明關心食安問題的消費者不在少數。

讓人度過優閒時光的咖啡館熱潮，也是在慢食的憧憬下產生。二〇〇〇年代後半，販賣有機食材的咖啡館，開始引起人們的注意。

二〇〇〇年代中開始爆紅的長壽飲食法（Macrobiotic），也是採取慢食的飲食生活法則，長壽飲食法以吃糙米和蔬食為主，挑選有機或未精製的食材，漫畫經常嘲弄講究有機食材的人，是因為熱中此道的人源源不絕，從流行到普遍，最後成為人們生活的一部分。

此外，農家餐廳以及都會區消費者，參觀產地的農業觀光也相當流行。昭和時期在你我身邊被視為理所當然的故鄉田園，經過世代交替而愈來愈疏遠，取而代之的是，與他人建立彼此尊重、互不干預的人際關係。

據說，在經濟不景氣下出現的散步熱潮，也是為了想重新檢視自身周遭的環境。不開車到目的地，享受走路的樂趣，也就是在實踐慢活。以「散步」為關鍵字的雜誌、書籍、Mook都熱賣，《地井散步》[1]（朝日電視台節目，二〇〇六至二〇一二年）等散步節目轟動一時。

連續劇《西瓜》的提問

二〇〇三（平成十五）年七至九月播送的連續劇《西瓜》，由小林聰美主演，描繪都會中一群享受慢活樂趣的人們，該劇的腳本家木皿泉曾獲向田邦子獎，而《西瓜》是一部獲得

1 主持人為地井武男，故名。

多項獎項的話題之作。

故事發生在有軌電車行經的東京三軒茶屋，一間提供伙食的出租公寓「快樂三茶」中生活的人們，若是說他們在實踐慢活，或許可以把他們想成一群積極的社會運動者，然而他們既不是環保人士，也不是有錢人，他們只是不循社會常規，不跟隨社會的步調，這群笨手笨腳的人把出租公寓當成避難所，但他們的生活竟然跟慢活一致。

古老的木造出租公寓裡面，不知為何竟然有一大片菜園。公寓前面是泥土路，有樹叢和小河流經，成為散步的路徑。這幢出租公寓彷彿是都會中的綠洲，房客每天早餐和晚餐圍坐在食堂的餐桌閒話家常，每回都會發生幻想般的小事件。這齣劇描繪一群尚未完全「轉大人」的人們，彼此逐漸親近，破繭而出的成長故事。

小林聰美飾演的早川基子三十四歲，在信用金庫工作，身為家庭主婦的母親對她呵護過度，兩人大吵一架，基子為了尋求獨立，開始在快樂三茶住了下來。此處的主角也跟母親意見不合。

一開始獨斷獨行的基子，漸漸和二十七歲的漫畫家龜山絆熟絡起來，四年前龜山絆的雙胞胎姐姐去世，一直沒有從悲傷中走出來，於是離開非常富有、但心意完全不相通的父親，來到快樂三茶。她專門畫色情漫畫，但工作很少，經常繳不出房租，個性冥頑不靈，對人的戒心很強。

其他的人物，包括從喜愛流浪的父親手中，接下出租公寓的學生芝本由佳（市川實日子飾演）、學生時代就住在這裡的大學教授崎谷夏子（淺丘瑠璃子飾演）、在出版社工作，但好吃懶做賴著不走的夏子學生間間田傳（高橋克實飾演）、間間田傳的女兒的前男友，正在求職也是龜山絆單戀對象的野口響一（金子俊貴飾演），以及把基子當作小學生對待的母親梅子（白石加代子飾演）等人擔任配角。還有個常跟基子聯絡的前同事，馬場萬里子（小泉今日子飾演），OL生活快要過不下去的馬場，盜用公款三億日圓，正在逃亡中。

拉丁曲調輕快的樂音陪襯下，在市中心被菜園包圍的快樂三茶，盡是一群笨拙、活得很辛苦的人物，這齣脫離現實的連續劇，洋溢著暑假冒險的快樂氣氛。一開始就充滿暑假即將結束的預感，劇中包含社會批判，同時埋下數個微小伏筆，是一齣寫得很不錯的劇本。

隨著每一集的進行，和吃飯相關的場面比重也愈來愈大，象徵彼此的關係加深。房東由佳兼伙夫，作出美味的咖哩、麵線、餃子、烤夏季蔬菜、胡蘿蔔湯、毛豆可樂餅。

有一天，梅子聽到有人說，沒有才能又沒結婚的女人最無用，於是跑來教訓女兒，基子反駁：「這裡的都不是普通人，他們是有才能的，跟媽妳不一樣。」接著又說：「我也有想做的事。」其實基子並不知道自己到底想做什麼，她只知道自己在公司裡不再年輕，處境岌岌可危。

母親回去後，基子為了轉換煩悶的心情，去找公寓裡的其他房客，然而大家都在忙，沒有空理會基子。於是，基子只好到廚房找正在作菜的由佳，由佳正在開發新菜單，看到基子很高興：

「妳來正好。點水到鍋子裡。」

基子東看看、西找找所謂的「點水」，這時鍋子裡正在沸騰，眼看著就要滿出來。由佳急忙停下手邊的事，用杯子裝水倒進鍋裡。

「啊！拍謝，點水，我找不到捏。」

「妳在說什麼啊！普通的水就可以了啊。我是要妳加水到鍋子裡，讓水溫下降的啦。」

「誒？這就叫點水啊？」

「唉呦……料理書上寫『點水』，我聽說這年頭竟然有人到超市買點水，真有這種人哪，我還是初次見到呢。」

「啊！初次見面，妳好啊。」

「彼此彼此，妳好。」兩人都低下頭。

基子得知，由佳從國小就在作菜，於是讚道：「這也是一種才能啊。」從這裡可看出，基子至今幾乎沒做過家事。

梅子知道女兒什麼都不會，所以反對她到外面租房子，然而至今什麼都不讓女兒做的也是梅子。基子想改變自己，於是離家出走，母女各執己見，毫無交集。

連續劇的後半，梅子檢查出罹患初期胃癌而住進醫院，交了許多朋友，因此改變人生觀。「妳說的沒錯。人不可能一輩子在一起。唉。為人父母呀，真是一無是處。」說著便託基子帶禮物給住在快樂三茶的大夥們，打開一看，裡面是紅色和白色的日式小饅頭，上面寫著「獨立紀念日」。

戲劇尾聲，厭倦逃亡生活的萬里子來找基子。湊巧大夥兒全都不在出租公寓，請附近的酒吧「泥舟」的老闆娘（鐏真佐子飾演）過來看家，她正在屋子裡吸塵打掃，萬里子在廚房的桌子上看到整理好的碗盤，有個小碟子裡有醃梅的核，空的小碗裡剩了一點點日式蛋卷、味噌湯碗和飯碗。萬里子在基子房間留了字條就回家了。

第二天早上，基子聽說這件事，又看到萬里子留下的信，於是急忙跑到信上說的公園。萬里子像以前一樣聊同事的八卦，笑得樂不可支，然後坐在堤岸上，開始吐露心聲：

「我去早川出租公寓的時候啊，看見醃梅的核就哭了。」

「醃梅的核？」

「吃過早餐後，留在碟子的梅子核啊。有點可愛，有點中規中矩，感覺生活就應該這樣，想著就哭了。」

「有這麼誇張嗎？」

「一點也不誇張啊，我也好久沒聽到吸塵器的聲音了，碗盤相碰的聲音，在院子裡灑水，到廚房做東西，然後大家吃我做的東西。感覺這些事全都不會發生在我身上。我為了區區三億日圓，就放棄這麼重要的事。」

萬里子是個腦筋靈活的聰明人，但女性在職場總是無法受重用，萬里子不滿被當作典型日本女性上班族，最後終於爆發。她盜領公款三億日圓，用這筆錢去搭生平第一次的飛機，亂買一堆名牌貨，貿然行動而導致的嚴重後果，令觀眾深思。

被母親和公司擺布的基子，很羨慕萬里子能堅持己見，甚至嚮往逃亡的生活。但是，現在聽見萬里子內心脆弱的一面，再次認識到住在快樂三茶的人們一起哭笑、互相商量，這種無可取代的充實生活。基子透過租屋生活，在不知不覺間，養成了凡事自己作主並付諸行動的習慣。

萬里子邀基子一起逃走，但基子手裡拿著由佳拜託她的購物清單。基子有她在這裡生活應盡的責任，於是喃喃自語地說：「如果不把由佳要的東西買回來，明天大家就沒咖啡喝了。」一拒絕了萬里子。萬里子於是說了些言不及義的話找下台階。

基子看到看似落寞的萬里子，於是交給萬里子一張紙條，說：「下次到我家的時候，把這些東西買來，我們來吃火鍋。」一樣子簡直就像資深主婦梅子般有威嚴。萬里子像個小少女似的接過紙條，上面寫著：「大白菜、香菇、蒟蒻絲、春菊、豆腐、金針菇」。萬里子答應這個充滿生活感的約定，便離去了。

其他劇中人物，也透過各個大小事而逐漸成長。龜山絆不再像過去那樣恐懼跟他人深交，放棄單相思的響一決定去北海道工作，教授也告別數十年的租屋生涯。

讓人成長的生活，從離開家人的保護開始。快樂三茶是和陌生人共同生活的出租公寓，之前介紹的漫畫《昨日的美食》也是描寫兩個沒有血緣關係的男子共同生活的經過，即使好朋友也有自己的空間，在彼此尊重的共同生活中分享食物。緣分不知何時走到盡頭，人也就是在相互尊重、彼此陪伴的過程中漸漸成長。

這就跟上了年紀的人苦口婆心建議年輕人結婚，是相同的事。年長者建議年輕人結婚生子，是因為深刻感受自己以外最親近的非家人莫屬，而人們就是在和家人的深交中成長，因為他們知道，共同生活能加深彼此的羈絆，而這種羈絆在面對人生的大考驗時，將發揮很大的力量。當然，也有合不來的家人。有些沒大沒小，有些相敬如冰，也有因為沒有保持距離而鬧翻的夫妻和親子。有些人因為各種理由而獨自生活。

在這個結婚難，維持家庭更難的時代，大家齊心的生活在一起猶如夢幻。對家人關係存疑且感到沉重的我們，若不暫時離開家，就無法檢討並改善我們與他人的關係和共同的生活。

說不定，我們對有血緣關係的家人要賴過了頭也說不定。在不能盡如人意的生活中，無論是家事還是公事，都成了不想做卻必須做的義務了。其實，雖然麻煩，卻要把每一天過好，而生活的本質就在這其中。

對戰後以來，一直為達到目標而努力的我們，慢活教導我們，人生並不是達成什麼，也不是實現夢想，人不可能一直幸福，人的豐足並不是擁有一切家電製品、住漂亮的房子。屋子、銀子都是生不帶來、死不帶去，人生不僅是通過一個個目標，無論有沒有孩子，是讓下一代當家做主的時候了。

當然在有生之年，我們應該都有機會發現、達成某些事物，以及實現夢想，也有可能失去重要的事物。人生有喜有悲，然而更重要的是千篇一律的每一天。幸福就在美味的飯菜和有人一起大笑的瞬間。

連結過去與今日的廚房

二〇〇三年，《Ku: nel》和《天然生活》兩本以慢活為主題的女性生活雜誌創刊，介紹料理、擺設、手藝等手作生活的樂趣，以及守護傳統生活的人們。雜誌中有許多在自然光照射下的整齊屋子，餐桌上排得漂漂亮亮的飯菜，但人物報導比較少。《Ku: nel》的標語是：

「和有故事的物件一起生活」，雜誌的風格是讓讀者扮演主角，想像自己置身在這些空間。《Ku: nel》特刊集結成的圖片書《豐富熱鬧：料理高手的廚房》，這本出了續集的暢銷書，有料理研究家或造型師家中的廚房，依然是幾乎沒有人物的照片。

書中有多張經年使用的廚房和工具的照片，這些都不會出現在居家擺設雜誌中的圖片和廣告。昭和後半開始普遍的立式流理台，在雜誌中出現的次數多於時髦的系統廚具，廚房裡或掛或立了很多鍋子、勺子。二〇〇〇年代，在電力公司大力販賣宣傳下，沒有火焰的電爐和全面用電的住宅已經相當普遍，但這本雜誌的廚藝高手，幾乎都喜歡使用可以調整火力的瓦斯爐。

使用自然光的照片，讓人覺得好像馬上會作出好吃的飯菜。抽屜裡擺著一個個討喜的罐子，裡面裝著來自各個產地的鹽，廚房的瓦斯爐旁，立著幾片用舊的木砧板，籃子裡全都是用來擦餐具的白色布巾。用舊了的鍋子、裝了水果酒的密封瓶，每一件看起來都像寶貝，讓讀者也感染這種對生活必需小物件愛不釋手和喜悅心情。

閱讀穿插其間的廚房使用者心得，發現廚房的設計也考慮順手作料理的祕訣。

例如造型師高橋綠的廚房很小，但卻五臟俱全。「把不鏽鋼架當作處理食材用的檯面，在上面擺大砧板或濾篩。架子的下層可以堆放乾燥的食材或雜貨。因為這個廚房有考慮我自己使用時的方便，所以面面俱到，可以順利進行料理的前置作業。」

料理專家渡邊有子的抹布使用量，大到需要專門清洗每天用過的抹布，她會一邊作菜，一邊認真的東擦擦、西擦擦。她向佩服的採訪記者表示：「我這樣算很少見嗎？抹布用過後就洗，洗完再擦。對我而言，這跟吃完飯洗碗盤是同樣道理。」

這本書裡的人物，總是俐落且按部就班的把家事做好，作菜之前要先把廚房掌握的一清二楚，書中相片拍出隱藏在廚房及其工具中的滄桑美，也難怪廚房的主人會是作菜高手。

Le Creuset鑄鐵鍋也不時出現在雜誌中，原本Le Creuset的大流行，就是拜《天然生活》的發行公司地球丸，在二〇〇三年出版平野由希子的書之賜。Le Creuset將食材味道煮出來的同時，也實踐慢速燉煮，可說是慢活的象徵，這家遵照法國鑄鐵製造傳統，成功開發鑄鐵琺瑯的業者，是一九二五年創業的老字號。

許多人也喜歡用密合度高且很重的Le Creuset來煮飯，原本日本傳統使用的煮飯鍋，就是材質厚且鍋蓋重。經濟高度成長期，爐灶完全失去蹤跡，反倒是琺瑯鍋以及可以用瓦斯爐燒煮的厚重文化鍋和無水鍋比較流行。進入二十一世紀後，人們開始流行用土鍋煮飯，家電業者開發出一種電子鍋，煮出來的飯就像用爐灶煮的，結果造成熱賣。

用Le Creuset作料理，食材也等於被蒸過一樣，而蒸籠從以前就一直是日本廚房中的寵兒。用來蒸地瓜和製作茶碗蒸的蒸籠，在昭和時期被當作嫁妝，二〇一〇年流行矽膠蒸籠，只要把食材放入，就可以用微波爐製作蒸的料理。同一年也流行摩洛哥傳統的塔吉鍋，這種鍋子只須少量水，能鎖住食材水分而發揮乾蒸的功能，蒸的料理保留食材的鮮味和養分，且幾乎不加油就可以烹調，既養生又簡單，因而受消費大眾矚目。

很多人對外國的東西或是新的廚房用具趨之若鶩，然而到頭來，這些東西的功能和幾世代以來日本人愛用的工具大同小異。

繼承自老祖宗的生活又傳給下一代，儘管大家都說這樣的生活已經消失，但其實文化的根柢上，我們依然守護相同的事物，隨時代潮流改變的只是表面，或許日本文化的韌性超過我們的想像。

幸福便當人生

二〇一〇年，出版《SOTOKOTO》雜誌的出版社，發行一本圖文並茂的書籍《幸福便當人生》，道盡日本人看似已經改變，實則未變的喜好和生活方式。攝影師阿部了到全日本各地，替各行各業的人的便當拍照，二〇〇七年在全日空（ANA）的機內雜誌《翼的王國》中連載而獲得好評，從而實現他想製作攝影集的夢想，二〇一二年甚至發行續集[2]。

2 二〇一五年發行第三集。

《幸福便當人生》書中有便當的相片，以及在工作場所或學校拍攝，吃便當的人的全身照。訪談記錄是由阿部了的妻子阿部直美撰寫。

舉例來說，群馬縣某位男性的便當，是一大個用保鮮膜包裹的飯糰，他的工作是去向各個酪農收集牛奶。飯糰的內容每天都不同，有時包梅干、鱈魚子、明太子，也有醃小黃瓜。他表示，目前的工作必須早上四點出門，因此他曾經請也在外工作的老婆，別再替他做飯糰了。

撒了魚肉鬆的白飯，放了醃梅子、紅蘿蔔炒牛蒡絲、小番茄、日式蛋卷、柴魚，以及拌棣棠花。這是住在東京，擔任保險公司營業員的便當。這位男性表示，他不喜歡吃放了醋的食物，但老婆既然放了，就會吃掉：

她不會告訴我，便當裡面有什麼，這已經是慣例了。萬一我說了不中聽的話，她以後就不做便當給我吃了。便當這種東西啊，是兩個人吃的，就是做便當的人和吃便當的人，因為便當傳遞了做便當的人的心情，所以我都抱著感恩的心，什麼都不能說。

塑膠容器裝了鮭魚鬆拌飯，另一個同樣大小的容器放了薑燒豬肉、迷你番茄、加了蔥的日式蛋卷、南瓜泥、小香腸、燙綠花椰菜。便當的主人是千葉縣的飛機維修技師，而且是他自己做的。在同一家公司工作的妻子正在休育嬰假。妻子懷孕時因為害喜嚴重，所以他就開始自己做便當。鋁製便當盒放了白飯、日式蛋卷、章魚形狀的小香腸、味噌拌小黃瓜，塑膠容器中放了奇異果、番茄和綠花椰菜，這個便當屬於群馬縣某幼兒園的兒童。媽媽說，兒子非常愛吃便當，不上幼兒園的時候，還是做了便當在家裡或路旁吃。

出身加拿大，在東京居住，擔任英語會話老師的女性，在玻璃容器中放滿了用豆子、櫛瓜、胡蘿蔔等材料做的庫斯庫斯。她談到母親是單親媽媽，平時需要工作，在她上小學的時候為了尋找托育而不斷搬家，由於當時的學校沒有提供營養午餐，托育的太太雖然會幫她做，但都是法式吐司或通心粉沙拉之類，以碳水化合物為主的食物，有時也會去吃麥當勞。

沖繩縣某高中男生的便當是媽媽做的。炸豬排、小香腸、燒賣配白飯，白飯上還擺了一顆醃梅子。火腿炒蛋，裡面沒放他不喜歡吃的苦瓜。他的家中還有一位祖父，是用傳統方法捕魚的漁夫，男生說他以後想當廚師。

便當反映各種不同的喜好和生活狀況。做便當的有男有女，基本上有肉也有菜。每個便當都讓人感覺這就是平日吃的，不是因為要接受採訪，而突然考慮營養均衡問題的人所做得來的。其中比較不均衡的，只有全都是肉的高中生的便當，和水果占了大部分的幼兒園小孩。食欲正旺的時期需要熱量，小小孩不愛吃蔬菜，於是用水果取代來補充維生素。這兩個偏葷和偏素的便當，其實也讓人感覺到母親的用心。

這本書告訴讀者，在這世界上，每天帶便當的人到底有多少並不得而知，但可以知道的是，未必每個人都是過著飲食不均衡的生活。

有人清早起床工作，有人有過辛酸的過往。每個人在聊天的過程中，想起跟這些便當有關的家人。若是沒有這些訪談，應該是不會特地提起，而是默默在心中感謝。這也可以說是夫妻同心協力用心採訪，而引出來的話。從慢食切入，試著觀賞大家在吃什麼，會發現二十一世紀的飲食並不那麼糟，而且並沒有完全推翻舊有的飲食文化。

無論是蒸的料理還是米飯，都是日本人從以前就喜歡的料理。我們想恢復理所當然的生活，而這即使不向遙遠的外國或是過去追求，許多人早已經在過這樣的生活，只是因為過於理所當然，所以沒有覺察而已。老是看問題的話會感到絕望，也會對未來悲觀。就算悲嘆被毀壞的事物或失去的事物，也只是徒然。此刻應該關注的是，現有的事物會產生哪些可能。每個人重視吃料理和作料理這件事，把自己和家人的身心照顧好，就能改變許多事。

專欄：和食調味料復活了嗎？

相較洋食和辛香味重的亞洲料理，以及肉類料理等味覺刺激強烈的食物，傳統和食顯得樸素。白飯要經過細嚼慢嚥才吃得出美味，煮物也是透過咀嚼，才品嘗得到蔬菜的鮮甜，煎魚、煮魚也比較清爽，味噌湯對感官的刺激也很弱，吃米糠醃菜或是醃白蘿蔔時，則是享受那隱微而不鮮明的香氣和滋味。

現在五十多歲的人在成長過程中，洋食開始大量被媒體介紹且受到歡迎，他們和他們之後的世代開始覺得，由於和食必須從熬煮高湯開始，因此製作和食是件麻煩的事，和食的食材消費量逐年遞減，白米自不用說，味噌的消費量也減半。醬油的消費量僅剩極盛時期的三分之一。

家的味道漸漸消失。以往每個村落都有醬油釀造廠，味噌是由農家自己製作。城市中賣米的有米店，賣乾貨的有乾貨店，醬油、味噌是在釀造和販賣酒的商店秤重購買，孩子們吃著當地的味道長大。但是，超市開了，媒體介紹的食譜，以洋食和中華料理居多，於是和食的調味料，與洋食、中華料理的調味料，和加工食品並排陳列，成了眾多選項中的一種。

在超市擁有一定銷售量的是，在日本各地都買得到的全國性品牌。東京的味噌釀造廠被空襲毀壞殆盡，味道平庸的信州味噌趁機大肆推銷，因而成為具有全國知名度的品牌。醬油原本有關西的淡味醬油和中部地方的純大豆醬油（たまり醬油）[3]等在地口味，現在百分之八十的醬油消費量，是關東盛行的深色醬油[4]。

3　顏色和風味比較濃郁的醬油，不含小麥成分，適合沾生魚片或做成照燒醬。

4　日文為濃口醬油，顏色較淡色醬油深，但鹽分則比淡色醬油低約二％。

全國知名品牌採取各種策略，來對抗洋食文化。

其中之一，是販賣有高湯成分的味噌或醬油。以柴魚業者率先推出的日式綜合調味料、麵味露、沾醬等商品的市場愈來愈大，一九九四年超越醬油的銷售額。一九八五年十月號的《橘頁》在煮物的特集中，最先提議用市售的液體高湯來作菜，到了二〇〇〇年代後半，日式家常菜的食譜也開始用常見的綜合調味料作菜，由於綜合調味料和洋食或中華料理的湯粉同樣容易取得，於是和食也就繼續跟這兩種食物並列在餐桌上。

便利商店販賣的即食味噌湯銷量繼續成長。二〇〇九年Marukome推出放了高湯的液體味噌而大受歡迎，二〇一一年又加入以鹽、麴和水混合發酵的鹽麴熱潮，只要加鹽麴就能搞定調味，也是傳統發酵食品結合時下流行後，所產生的食品。

宣傳廣告活動也很活躍。為了阻止日本料理式微，農林水產省在二〇一一年率先向聯合國教科文組織申請，將使用各地季節性食材製作的日本料理登錄為無形資產。二〇〇六年舉辦的醬油製造實作體驗教學也大獲好評，味噌業者也發起廣告活動，或許是因為飲食教育奏效，使得在地的料理再度被發現。從Cookpad網站上的各式各樣食譜中搜尋的年輕世代，也會使用日式調味料嗎？日本料理恢復往日榮景，總算露出一線曙光。

後記
新世代的家庭倫理劇

以吃為主角的故事

進入二十一世紀，電影和小說的故事中，餐桌場景多得不像話。就拿小說為例，除了角田光代，川上弘美、江國香織、梨木香步、瀨尾麻衣子，許多昭和中期出生，經歷過泡沫時期的女性作家，都擅長寫吃。

《博士熱愛的算式》獲得第一屆本屋大賞，也使該書作者小川洋子（一九六二年生）成為暢銷書作家，本書主角是一位幫傭，在記憶只有八十分鐘的博士家工作，為博士烹調好吃的洋食。博士堅持小孩不可以一個人吃飯，因此到了故事中段，主角的兒子也到博士家一起用餐。

二〇〇八（平成二十）年出道的小川系（一九七三年生），在處女作《海鷗食堂》中，描寫吃了主人翁做的料理後，身心獲得療癒，關係得以修復的故事。此外，以餐飲店作為故事發生地的小說也很多。

因為吃而變得幸福，或許只是瞬間的事。但是，吃的喜悅很容易獲得共鳴，因為人活著就要吃。在這每年有超過三萬人自殺的社會中，愈來愈多人用吃來排解心情。

從另一個角度，是家庭倫理劇的時代再度來臨。

昭和中期為家庭倫理劇的全盛期，也是家庭形態改變過程中的過渡時期，許多人因為戰爭而失去家人。另一方面，新世代組成的家庭，則是建立起和之前時代不同的典型。

過去以手工為主的工作，令主婦忙得不可開交，家電普及使家事變輕鬆，家人漸漸不需要幫忙。老公在外工作，被公司的應酬和加班綁住，應該全家一同度過的年節慶典，也跟這群來到都會區的人們沒有關係了。在各忙各的時代中，餐桌被描繪成聯繫家人感情的地方。

但是，媒體的力量畢竟有限。現實生活中存在著獨自進食的孩子，也有家庭吃不到像樣的三餐。此外，不管是不是在一起吃飯，意見不合的家人也不在少數。

在這個時代，「家庭不等於幸福」這件事不容再忽視，小說家紛紛描繪餐桌的情景，也有作家描寫因為「吃」，而把家人重新凝聚起來。

先前舉出的小說，都已經改拍成電影。電影和電視劇中，美味的餐桌場景也愈來愈多，就好比之前提及的《西瓜》，一道道菜擺在餐桌上的畫面讓人食指大動。八〇年代《給星期五的妻子們》採取偏低的拍攝角度，將關注焦點放在人物的表情而不是飯菜，到了二十一世紀，料理彷彿成為演員，一起參與演出。

二〇〇七（平成十九）年播出由松本潤主演的《料理新鮮人》，是在《Big Comic Spirits》連載的漫畫原作。其他許多漫畫和連續劇，也描繪料理人、侍酒師、飯館老闆等等和吃有關的故事。二〇一二年播送的《搖滾王子東京店HUNGRY》，向井理飾演法國餐廳老闆兼主廚，他做的料理能改變一個人，而劇中對於食物能讓人成長的表現方式也很突出。

作料理和吃料理而使感情加深的喜悅，在這時代必須刻意告訴人們才行。飲食在故事中發揮重要功能，或許是因為人們除了飲食以外，沒有其他共同點。昭和時代的戲劇，擅長炒作人際關係糾葛的煩惱和愛恨情仇，如今這類愛恨情仇，只在推理劇或醫院的戲中才出現，這是因為愈來愈少見到，在衝突中學會控制情感的深度關係。人是如此的孤單。

飯島奈美的樸素料理

電影《海鷗食堂》帶動一波流行，紛紛拍攝以料理發揮重要功用為主題的電影。小林聰美飾演的幸惠在芬蘭開了一家食堂，日本女性綠（片桐入飾演）來到這裡工作。這部電影以這家食堂為中心，敘述幾位日本女性與芬蘭人之間的小故事。

被視為療癒系幻想故事的《海鷗食堂》，表現悠閒自在的生活方式，劇中人物笨手笨腳、跌跌撞撞，主演是小林聰美，這齣電影顯然是以《西瓜》為原型。片桐入在《西瓜》中飾演刑警，在聽取關於馬場萬理子的案情時曾經出現過，此外扮演稱職綠葉的資深演員鏻真佐子，也是同時在《西瓜》和《海鷗食堂》中演出。

在電影院造成排隊人潮的熱門片《海鷗食堂》，使得一九七二（昭和四十七）年生的萩上直子以新銳導演之姿獲得矚目，她之後也導了《眼鏡》、《廁所》，劇中人物都是以不可思議的緩慢速度過生活。

《海鷗食堂》中受矚目的是，幸惠做的飯糰和生薑燒肉定食，芬蘭人看到未曾吃過的食物起先怕怕的，最後津津有味吃了起來。螢幕上樸素的日式料理，沐浴在陽光中閃耀著光輝。

食物造型師飯島奈美長期製作廣告片的料理，《海鷗食堂》的料理是由她負責，她也因為這部電影，而成為家喻戶曉的人物。萩上的其他作品如《東京塔》（二〇〇七年，小田切讓主演）、《南極料理人》（二〇〇九年，堺雅人主演），以及漫畫原著《幸福便當》（二〇〇九年，小西真奈美主演）等電影，以及電視連續劇《深夜食堂》中拍攝的料理，也都出自飯島奈美之手。

飯島奈美於一九六九（昭和四十四）年生於東京，喜愛作菜的母親在托兒所擔任廚師，飯島打從懂事以來就是母親的小幫手，小學低年級就會作味噌湯。她從營養師專門學校畢業後，先是在製作電影和廣告料理的食物造型師旁擔任助理，六年半後自行創業。飯島因為參與小林聰美主演的敷島製麵包的廣告，而加入《海鷗食堂》。

工作人員要飯島做的料理是用來看的，這點和標榜原創性的料理研究家不同。有時一再重複製作的料理不一定會登上螢幕，有時也可能被要求作出失敗之作。對身為專業人士的飯島來說，料理不是在自我表現，以下幾段是她接受採訪時的發言：

「我一直是盡最大努力，根本沒有多餘功夫來思考我喜歡什麼、想做什麼。人家要求我的，我就努力去做，對方滿意的話，我就很開心地繼續努力，就這樣周而復始。現在想來，這就是我喜歡的工作。」（《Ku: nel》雜誌二〇一〇年五月號）

「電影或廣告中的食物，以『家常便飯』居多。在平凡的餐桌上不光是呈現美味，我也希望觀眾會想圍坐在這樣的餐桌前，或是想到也經常有人做這樣的料理給自己吃。」

「生活便利的我們，往往流於事事講求『簡單便利』。但是，用心面對樸素平凡的東西，會領悟其中的況味，而這也是我想珍惜的。」（《朝日新聞》，二〇一一年五月一日）

認真工作，好好吃飯。飯島的話毫無出奇之處，但要做到卻很難。她告訴我們，正因為這年頭飲食資訊氾濫，所以更不想捨本逐末。

充當小道具的料理，要求的是視覺而不是味道。但是飯島製作的料理即使用來拍照，也會認真調味，讓人覺得好好吃，她也因此打響名號，出版了多本食譜書。

代表作是在網路雜誌《幾乎每日糸井新聞》中連載的《Life平凡是好日的食物》（一至

三冊，東京系井重里事務所，二〇〇九至一一年）。

講究細節的製程相片，附上詳細的做法說明。之前曾經介紹，無論是給男性或女性看的食譜書，都添加以前食譜書所沒有的小祕訣，這些不是長篇大論，而是把菜做好的小訣竅。一開始在沒有頁數限制的網路上發行的《Life平凡是好日的食物》，則是用口語的方式，詳細說明整個製作過程。

舉例來說，「小節日的散壽司」是這麼說明：「平底鍋開大火加熱後，暫時離火，在鍋子表面均勻撒上薄薄一層沙拉油，接著放蛋，用小火煎。蛋的份量是讓蛋汁在鍋子表面形成一片薄蛋皮。」

「我來幫你做高麗菜卷」中，高麗菜先用水燙過，接著要這麼做才會卷得漂亮：「大片和小片的菜葉各一片配成對，小片菜葉放在自己面前約五公分處，疊在大片菜葉上。接著在菜葉跟菜葉之間灑上一點鹽，鹽的份量會影響湯汁的鹹淡，請酌量。」

「我回家囉！的『筑前煮』」中，先解釋如何用平底鍋，來煮蒟蒻、乾香菇和切好的蔬菜，接著是作菜的流程：「趁正在煮的時候，削芋頭的皮。」（正在削皮的照片），「切成一口的大小」（正在用菜刀切的照片）。

為了讓讀者想像料理的實際情況，照片和說明詳盡的食譜，比寫給男性或女性的食譜書又更加進化。無論大人小孩，只要想試著去做，就算是第一次作菜，也可以依樣畫葫蘆。只要好好地讀過，照著書上寫的來做，就不會失敗。

沐浴在自然光中，剛做好的可口料理、你我都曾經吃過的一道道懷念滋味，和每道菜附上的小故事，讓人看了躍躍欲試。

「作為犒賞的炸雞塊」，是假設由平常就負責作菜的媽媽製作的：

> 想做點吃的，擺在大盤子裡端出來，作為孩子的犒賞，這時可以做炸雞塊。趁熱吃當然好吃，如果希望冷了也好吃的話，重點是要事先仔細除去多餘的油脂、血塊。

書中所寫的是，把「媽媽的愛」這個抽象概念，具體化為美味的祕訣。即使不去除多餘的油脂，便當的炸雞塊一樣好吃，但是多了這道小步驟，會使風味更持久。「運動會的飯糰」中，「趁飯還熱的時候，一開始用力捏兩三次，這是最大的重點。」用手捏製的飯糰好吃，因為是在手差一點就被燙傷的當下，用力捏緊的緣故。

料理要好吃，就在多這麼一點功夫。為了某人或自己，而不惜花費時間精力，這就是所謂料理表現的心意和愛意。菜好吃不是用蠻力，而是該做的手續就不偷工減料。一開始麻煩的程序，隨著經驗累積而習慣成自然，書中所寫的，就是為了達到這個境界而踏出的第一步。

《Life平凡是好日的食物》是為了讓每個人都能作菜，而事先設想各種情況，像是媽媽教女兒作菜、外婆的懷念滋味，以及父親和年輕男性作菜。這本書讓人感覺到，作者希望大家讀了以後，即使是現在對作菜沒興趣的人，也變得會作菜。

即使廚藝精湛的母親，在新婚時期或是孩子還小的時候，說不定也是不大會作菜，或許有時也想乾脆隨他去。她們有些是基於義務而作菜，有些是孩子抱怨菜不好吃爾後修正，嘗試錯誤而作出來的味道，爾後讓料理的初學者學習。

除了壽司、筑前煮等日式料理以外，《Life平凡是好日的食物》還有漢堡排、義大利肉醬，和日式拿坡里義大利麵、高麗菜卷等家常料理。母親的味道，外婆的味道，或是居酒屋、洋食屋的味道也說不定，總之書中出現的，都是大家應該都吃過的料理。

料理本身並無新意，但是這本親切的食譜書大暢銷，證明自認不擅長料理的人還真不少，沒做過菜的男性或年輕人，或許會興起想作料理的念頭，或許有些自認沒有料理基礎的主婦，也買了這本書。

世界上的食譜何其多。自稱料理研究家或食物協調師的人，多到數不清，而飯島就在此時出現，把懷念的家常菜介紹給大家。

平常吃的東西沒有出奇之處，媒體上有愈來愈多用餐的場景，也就是有愈來愈多故事，描寫日常生活中的平淡小事。第二次世界大戰結束已經超過半個世紀，追求平淡生活的時代再度來臨。

無論如何，景氣長期不振，社會瀰漫悲觀的論調，許多人結束自己的生命。此外還有失業的人、遠離家人過著孤獨生活的人、失去家人的人，以及一些生病或受傷而活著感到痛苦的人。不僅如此，甚至發生東日本大震災，許多人的人生觀被顛覆，生活被毀壞，生命被奪走。正因為如此，人們感恩平淡的真實生活，了解手中幸福的寶貴，或者祈禱能過著安心平凡的生活。

被熱鬧的餐桌景象療癒的人們，彷彿就像賣火柴的少女。從描繪飲食的書籍和影視得知，愈來愈多人因為好不容易保住性命而拚命活下去，並無心勾勒未來的夢想。

連續劇《高木護的規矩》

昭和時期形塑的典型家族形象，到了平成時期瞬間崩壞瓦解。父親工作，母親專心當家庭主婦，這樣的工作分配，從經濟的角度來說也不再行得通。此外，單身的人變多，但一個人生活很寂寞。也有人想成立家庭。當家不像家時，人該怎麼活下去？什麼樣的飲食，能讓家人幸福？

其中一個答案，在二〇一一年四至七月播送的連續劇、收視率一飛衝天的《高護木的規矩》（富士電視台）。

主角是時下常見的奶爸（イクメン），這個名詞從二〇〇九年左右開始流行，後來成為

專有名詞，意思是照顧孩子的男性。當時在企業上班的，主要是一天到晚加班的正式員工，以及非正式員工的女性和年輕人，而媒體之所以爭相報導，原因之一也是想發起一項運動，鼓吹大家從改革男性的想法做起，進而改變在企業工作的人口結構。《高護木的規矩》也具備替奶爸熱潮加溫的要素，透過每一集的劇情，描繪全職工作的男性在照顧孩子時可能發生的狀況，以及養育子女必須具備的條件。

主角高木護又被叫成高護木「marumo」，是在文具製造商工作的三十多歲男性。原本在商品開發部，不久前被調去客戶服務室，在提供午餐的居酒屋「鯨魚」的兩層樓之下租屋居住。嫁出去的女兒畑中彩（比嘉愛未飾演）又搬了回來，她的父親、也是這家店的老闆陽介（世良公則飾演）儘管碎碎念，還是接納她。

高護木中學時代在棒球隊擔任投手的好友笹倉過世，太太離婚去向不明，兩個雙胞胎分別被寄養在不同的親戚家，令高護木看不下去，於是和六歲的薰（蘆田愛菜飾演）、友樹（鈴木福飾演），以及撿來的流浪犬慕克，開始了奇妙的同居生活。

單身的中年男子高護木，對養育孩子當然一竅不通，他要嘛就是沒有留意雙胞胎的心情，要嘛就是對他們發脾氣，總之犯了許多錯。但是，高護木在被親如家人的畑中父女責罵和協助的過程中，修正自己的做法，培養起身為監護人的心態，和雙胞胎成為心意相通的親子，是個溫馨感人的故事。

「餐桌」象徵成長的高護木和漸漸改變的雙胞胎之間的關係。帶雙胞胎回家的那天晚上，高護木的冰箱空空如也，只好把之前買的秋刀魚罐頭當菜，把冷凍庫裡包成一人份的白飯拿出來充數。然而就在斷電的瞬間，穆克竟然把秋刀魚罐頭吃了。就在彼此你一言、我一語之間，開始了戰戰兢兢的同居生活。

高護木吃起撒了芝麻鹽的白飯。

「沒有配菜的時候，就用這罐芝麻鹽老大。」說著就把罐子拿到雙胞胎面前，上面畫了一位頭上綁著紐繩的老大。

「我從以前就這麼做哦。跟老大問聲好，說您辛苦了。」高護木對著罐子上的老大低頭，要雙胞胎跟著做。友樹老老實實照作，腦袋比較好的薰則是不為所動：

「菜呢？」薰問。

「菜？沒那種東西。」高護木索性挑明了講。

「爸爸每天都有認真做飯給我們吃哦。」薰咄咄逼人，高護木只好說他心裡的話。

「你們要抱怨就去跟那隻狗抱怨吧……我也很氣啊！」

當時還沒取名叫穆克的那隻狗，在桌子旁邊起勁吃著秋刀魚罐頭。雙胞胎死了心，吃一口撒了芝麻鹽的白飯，睜大眼睛開心直說：「好吃」。第二天，高護木問想兩人吃什麼？薰和友樹異口同聲說：「芝麻鹽！」一副很愛吃的樣子。

但是，拿不出菜色的高護木卻感到不安，不久畑中父女便時不時提供午餐給雙胞胎吃，原本員工伙食就做給陽介一人，因此畑中彩還滿有空的，現在為了孩子，做了人物便當之類有可愛裝飾的餐點。友樹吃著把小香腸做成章魚先生的親子丼，感動說道：「我第一次吃用小香腸做的章魚先生！」於是，畑中彩便卯起勁，用小香腸作出各種動物。

「鯨魚」的招牌菜鯨魚飯——上面用白蔥做成鯨魚噴水的蛋包飯——出現的日子，畑中彩用小香腸做螃蟹先生、小番茄和綠花椰菜來妝點。雙胞胎大喜過望。

「那……明天中午也來這裡吃如何？」畑中彩說畢，高護木不好意思說道：「這怎麼好意思，我一定會先把中飯買來擺著。」畑中彩反過來訓高護木：「買來擺著不行的啦，小孩子一定要好好吃飯。既然撫養了就請你認真點。」婚姻破局而受傷的畑中彩，總算在幫忙養這兩個孩子的過程中找到自己的用處。

一向不重視吃的高護木，也在畑中父女的刺激下，開始為了孩子思考營養均衡，做起料理來。

由於人物設定是一名當上父親的單身男子，因此戲中製造一些周圍的人很容易幫忙解決的狀況，這是因為人們共同的偏見，認為男性不會作菜且不擅長照顧他人。透過高護木這個角色告訴觀眾，單單一個人，無法成為完美的父親或母親，孩子要在許多人的守護和照顧中養育成人，然後大人和孩子一起成長。

三個人透過用餐和他人互動，包括和畑中父女、高護木的母親，以及和高護木談過一陣子戀愛的女性一起的四人野餐，此外還有學校的營養午餐。雙胞胎透過和不同的人用餐，了解人的多樣性。這齣劇探討和人一同進食的樂趣和可貴。

高護木的二十一世紀家族

有一天，小學課堂上出了一道作文題，要寫家人的工作。友樹寫高護木在曙光文具工作，薰寫在做家事的高護木，薰把作文念給高護木聽：

高護木的工作還沒完。下班回家後，還要做飯給我們吃。高護木做的飯都是咖啡色的，很鹹，很好吃。

用作文表達謝意的雙胞胎令高護木感動到哭了出來，於是對薰說道：「做飯給你們吃，不是我的工作啦。」

「咖啡色的飯」象徵自家的飯。二〇〇七（平成十九）年ＮＨＫ播出的晨間連續劇《醋豆腐》，形容媽媽做的飯是咖啡色的，之後媒體就經常這麼說，這是因為以醬油為主要調味料的日式料理，經過煮或燒之後就變成了咖啡色。孩子最喜歡的漢堡排，或油炸食物也是咖啡色。

半世紀以來，電視節目變彩色，雜誌中彩色照片的比重增加，開始重視色彩的美。在這個流行人物便當、重視色彩遠勝過口味和營養的時代，「咖啡色的飯」毋寧是回歸食物的原點。

營養均衡才是重點，而昭和時期以和食為主的飲食，就能自然達到營養均衡的目的，作出這種料理的人，代表他在意的不是外表，而是他的愛。一九八〇（昭和五十五）年的前後，是一般公認日本人飲食營養最均衡的時期，這也是在洋食和中華料理進入家家戶戶，外食、外帶變成家常便飯之前的時期。以和食為主，肉類和油脂的份量適中，營養的攝取上是最理想的狀態。

高護木所說的：「不是我的工作啦。」這是對於長久以來把做家事當成主婦工作的社會大眾，提出的反對意見。高護木要說的是，做飯是生活的一部分，監護人做飯給孩子吃，是理所當然的事。

《高護木的規矩》劇中埋藏許多訊息——過去認為「父親工作養家，母親在家做家事、帶孩子」才是正確的家庭觀念，如今應該隨著現實狀況而改變，承認各種不同的生活方式。

從戲劇中途雙胞胎生母亞由美（鶴田真由飾演）的出現，也說明這點。她從雙胞胎生下來的三年間，幾乎是獨自一人帶孩子，孤獨和忙碌使她精神衰弱，於是離家出走而終至離婚。

到頭來，養育這對雙胞胎的是高護木。換言之，有血緣關係不保證就是一家人，而一起生活、共度人生的才是家人。這齣劇到最後，也暗示亞由美參與他們的生活，以及高護木和畑中彩可能結為夫妻，透露這個家庭未來將繼續變化。

餐桌象徵家人的感情。二〇〇〇年代以後，各媒體呈現的用餐情形告訴視聽大眾，我們對家庭的刻板印象與現實不符，而這齣劇傳送的強烈訊息，是要大家承認家庭的多樣性，以及家庭沒有單一的正確答案。

總是全員到齊，圍坐餐桌前吃著營養均衡的三菜一湯，這樣的家庭不見得是感情深厚，父慈子孝、兄友弟恭。也有家庭的飲食營養並不充足，全家人也不見得都能圍坐在家中的餐桌。

在食物選項愈來愈多的今日，已經不可能把一種飲食形態套用在每個家庭。原本飲食習慣就是各個家庭根據不同的文化和生活方式所形成，每個家庭應該都不會相同，平成時期的家庭倫理劇，已經成熟到描繪各種不同形式的幸福。

但是，民以食為天並不會隨時代改變，不管有什麼狀況都不會改變這個事實，人必須攝取必要且適量的營養，市面上也有出版教導這方面知識的食譜，其中之一是二〇一〇年出版的暢銷書《坦尼塔體脂計的員工餐廳》，兩冊共計賣出四百二十多萬本，證明有愈來愈多人想了解，什麼樣的飲食標準有益健康。

即使不是料理高手，即使沒有很好的審美觀把食物妝點得漂漂亮亮，即使不是每餐都營養均衡，即使不能每餐都親手製作，這些都無所謂。但是，只要親手作料理，就能將自己的味覺和身體狀況加以調合，作料理給別人吃也是快樂的事，作菜是人的權利，在家吃飯讓快要承受不了嚴重煩惱和生活壓力的自己，有了繼續奮鬥的力量。

為了獲得這樣的技術，要參考食譜。如今很多從基本開始講解的食譜書，專門給很少下廚的男女，此外也可以從網路取得資訊，再加上市面上有豐富多樣的食材。量身打造的料理，一開始或許做的不好吃，但只要多做幾遍，就會比任何餐廳的美食更能讓自己心情舒暢，元氣飽滿。

生活文化 046

日本家庭料理80年：和食餐桌的演變史

昭和の洋食 平成のカフェ飯：家庭料理の80年

作者—阿古真理
譯者—陳正芬
副主編—陳怡慈
編輯—張啟淵
美術設計—楊珮琪
企劃—林進韋
董事長 總經理—趙政岷
總編輯—余宜芳
出版者—時報文化出版企業股份有限公司
10803台北市和平西路三段二四〇號四樓
發行專線—（〇二）二三〇六六八四二
讀者服務專線—〇八〇〇二三一七〇五（〇二）二三〇四七一〇三
讀者服務傳真—（〇二）二三〇四六八五八
郵撥—一九三四四七二四時報文化出版公司
信箱—台北郵政七九～九九信箱
時報悅讀網—http://www.readingtimes.com.tw
法律顧問—理律法律事務所 陳長文律師、李念祖律師
印刷—盈昌印刷有限公司
初版一刷—二〇一七年五月十九日
定價—新台幣三五〇元
（缺頁或破損的書，請寄回更換）

時報文化出版公司成立於一九七五年，
並於一九九九年股票上櫃公開發行，於二〇〇八年脫離中時集團非屬旺中，
以「尊重智慧與創意的文化事業」為信念。

國家圖書館出版品預行編目（CIP）資料

日本家庭料理80年：和食餐桌的演變史／阿古真理著；陳正芬譯. -- 初版. -- 臺北市：時報文化，2017.05
面； 公分. --（生活文化；46）

譯自：昭和の洋食平成のカフェ飯：家庭料理の80年

ISBN 978-957-13-6996-9（平裝）

1.飲食風俗 2.歷史 3.日本

538.7831 106006077

ISBN 978-957-13-6996-9
Printed in Taiwan